嘉兴掼牛

嘉兴掼牛

总主编 金兴盛

浙江省非物质文化遗产代表作丛书

徐洁 史源 陈洁翔 编著

浙江摄影出版社

浙江省非物质文化遗产
代表作丛书编委会

总序

中共浙江省委书记 省人大常委会主任 夏宝龙

非物质文化遗产是人类历史文明的宝贵记忆，是民族精神文化的显著标识，也是人民群众非凡创造力的重要结晶。保护和传承好非物质文化遗产，对于建设中华民族共同的精神家园、继承和弘扬中华民族优秀传统文化、实现人类文明延续具有重要意义。

浙江作为华夏文明发祥地之一，人杰地灵，人文荟萃，创造了悠久璀璨的历史文化，既有珍贵的物质文化遗产，也有同样值得珍视的非物质文化遗产。她们博大精深，丰富多彩，形式多样，蔚为壮观，千百年来薪火相传，生生不息。这些非物质文化遗产是浙江源远流长的优秀历史文化的积淀，是浙江人民引以自豪的宝贵文化财富，彰显了浙江地域文化、精神内涵和道德传统，在中华优秀历史文明中熠熠生辉。

人民创造非物质文化遗产，非物质文化遗产属于人民。为传承我们的文化血脉，维护共有的精神家园，造福子孙后代，我们有责任进一步保护好、传承好、弘扬好非物质文化遗产。这不仅是一种文化自觉，是对人民文化创造者的尊重，更是我们必须担当和完成好的历史使命。对我省列入国家级非物质文化遗产保护名录的项目一项一册，编纂“浙江省非物质文化遗产代表作丛书”，就是履行保护传承使命的具体实践，功在当代，惠及后世，有利于群众了解过去，以史为鉴，对优秀传统文化更加自珍、自爱、自觉；有利于我们面向未来，砥砺勇气，以自强不息的精神，加快富民强省的步伐。

党的十七届六中全会指出，要建设优秀传统文化传承体系，维护民族文化基本元素，抓好非物质文化遗产保护传承，共同弘扬中华优秀传统文化，建设中华民族共有的精神家园。这为非物质文化遗产保护工作指明了方向。我们要按照“保护为主、抢救第一、合理利用、传承发展”的方针，继续推动浙江非物质文化遗产保护事业，与社会各方共同努力，传承好、弘扬好我省非物质文化遗产，为增强浙江文化软实力、推动浙江文化大发展大繁荣作出贡献！

（本序是夏宝龙同志任浙江省人民政府省长时所作）

前言

浙江省文化厅厅长 金兴盛

要了解一方水土的过去和现在，了解一方水土的内涵和特色，就要去了解、体验和感受它的非物质文化遗产。阅读当地的非物质文化遗产，有如翻开这方水土的历史长卷，步入这方水土的文化长廊，领略这方水土厚重的文化积淀，感受这方水土独特的文化魅力。

在绵延成千上万年的历史长河中，浙江人民创造出了具有鲜明地方特色和深厚人文积淀的地域文化，造就了丰富多彩、形式多样、斑斓多姿的非物质文化遗产。

在国务院公布的四批国家级非物质文化遗产名录中，浙江省入选项目共计217项。这些国家级非物质文化遗产项目，凝聚着劳动人民的聪明才智，寄托着劳动人民的情感追求，体现了劳动人民在长期生产生活实践中的文化创造，堪称浙江传统文化的结晶，中华文化的瑰宝。

在新入选国家级非物质文化遗产名录的项目中，每一项都有着重要的历史、文化、科学价值，有着典型性、代表性：

德清防风传说、临安钱王传说、杭州苏东坡传说、绍兴王羲之传说等民间文学，演绎了中华民族对于人世间真善美的理想和追求，流传广远，动人心魄，具有永恒的价值和魅力。

泰顺畲族民歌、象山渔民号子、平阳东岳观道教音乐等传统音乐，永康鼓词、象山唱新闻、杭州市苏州弹词、平阳县温州鼓词等曲艺，乡情乡音，经久难衰，散发着浓郁的故土芬芳。

泰顺碇步龙、开化香火草龙、玉环坎门花龙、瑞安藤牌舞等传统舞蹈，五常十八般武艺、缙云迎罗汉、嘉兴南湖掼牛、桐乡高杆船技等传统体育与杂技，欢腾喧闹，风貌独特，焕发着民间文化的活力和光彩。

永康醒感戏、淳安三角戏、泰顺提线木偶戏等传统戏剧，见证了浙江传统戏剧源远流长，推陈出新，缤纷优美，摇曳多姿。

越窑青瓷烧制技艺、嘉兴五芳斋粽子制作技艺、杭州雕版印刷技艺、湖州南浔辑里湖丝手工制作技艺等传统技艺，嘉兴灶头画、宁波金银彩绣、宁波泥金彩漆等传统美术，传承有序，技艺精湛，尽显浙江“百工之乡”的聪明才智，是享誉海内外的文化名片。

杭州朱养心传统膏药制作技艺、富阳张氏骨伤疗法、台州章氏骨伤疗法等传统医药，悬壶济世，利泽生民。

缙云轩辕祭典、衢州南孔祭典、遂昌班春劝农、永康方岩庙会、蒋村龙舟胜会、江南网船会等民俗，彰显民族精神，延续华夏之魂。

我省入选国家级非物质文化遗产名录项目，获得“四连冠”。这不仅是我省的荣誉，更是对我省未来非遗保护工作的一种鞭策，意味着今后我省的非遗保护任务更加繁重艰巨。

重申报更要重保护。我省实施国遗项目"八个一"保护措施，探索落地保护方式，同时加大非遗薪传力度，扩大传播途径。编撰浙江非遗代表作丛书，是其中一项重要措施。省文化厅、省财政厅决定将我省列入国家级非物质文化遗产名录的项目，一项一册编纂成书，系列出版，持续不断地推出。

这套丛书定位为普及性读物，着重反映非物质文化遗产项目的历史渊源、表现形式、代表人物、典型作品、文化价值、艺术特征和民俗风情等，发掘非遗项目的文化内涵,彰显非遗的魅力与特色。这套丛书，力求以图文并茂、通俗易懂、深入浅出的方式，把"非遗故事"讲述得再精彩些、生动些、浅显些，让读者朋友阅读更愉悦些、理解更通透些、记忆更深刻些。这套丛书，反映了浙江现有国家级非遗项目的全貌，也为浙江文化宝库增添了独特的财富。

在中华五千年的文明史上，传统文化就像一位永不疲倦的精神纤夫，牵引着历史航船破浪前行。非物质文化遗产中的某些文化因子，在今天或许已经成了明日黄花，但必定有许多文化因子具有着超越时空的生命力，直到今天仍然是我们推进历史发展的精神动力。

省委夏宝龙书记为本丛书撰写“总序”，序文的字里行间浸透着对祖国历史的珍惜，强烈的历史感和拳拳之心。他指出：“我们有责任进一步保护好、传承好、弘扬好非物质文化遗产。这不仅是一种文化自觉，是对人民文化创造者的尊重，更是我们必须担当和完成好的历史使命。”言之切切的强调语气跃然纸上，见出作者对这一论断的格外执着。

非遗是活态传承的文化，我们不仅要从浙江优秀的传统文化中汲取营养，更在于对传统文化富于创意的弘扬。

非遗是生活的文化，我们不仅要保护好非物质文化表现形式，更重要的是推进非物质文化遗产融入愈加斑斓的今天，融入高歌猛进的时代。

这套丛书的叙述和阐释只是读者达到彼岸的桥梁，而它们本身并不是彼岸。我们希望更多的读者通过读书，亲近非遗，了解非遗，体验非遗，感受非遗，共享非遗。

2015年12月20日

目录

序言 // PREFACE

嘉兴地处长江三角洲，距今七千年的马家浜文化孕育了江南地区无与伦比的稻作文化、农耕文化。素有“鱼米之乡”之称的浙江嘉兴是吴越之争的古战场，也是南北文化碰撞交流之地。自古以来就有许多隐于民间又散发光彩的武学文化样式，静静诉说着这片水乡泽国的历史底蕴和文化内涵。如今，这些农耕文化时期的武学精粹已以非物质文化遗产的形态重回人们视野。

随着国家对非物质文化遗产的重视，国务院规定从2006年起每年六月的第二个星期六为我国的“文化遗产日”，嘉兴市南湖区对非物质文化遗产的保护工作也积极展开，嘉兴市南湖区委、区政府把保护文化遗产当成社会主义文化建设的重要组成部分。

“掼牛”始于宋元时期，由迁徙而来的回民带入嘉兴，常在回族同胞欢庆穆斯林“宰牲节”时举行。经过几百年的发展演变，逐渐形成具有嘉兴本土特色的传统体育活动。就活动规模、技巧性、观赏性而言，嘉兴市南湖区的“嘉兴掼牛”独树一帜。“掼牛”2011年被列入国家级非物质文化遗产名录。对于掼牛的传承，既体现了对回族人民文化的传承，也在此过程中让掼牛文化本身得到了更好的发展。

这本《嘉兴掼牛》，不仅是我区非物质文化遗产普查的重要成果，更是开展非物质文化遗产保护性研究的重要内容。它以整理、抢救南湖区非物质文化遗产为已任，系统地从牛、掼牛与嘉兴、掼牛规则与教程、掼牛的传承、掼牛的现状等方面翔实地介绍了嘉兴市南湖区的掼牛项目，既有掼牛传承人引人入胜的感人故事，又有值得研究的珍贵资料。它无疑可以帮助我们从多个侧面了解掼牛项目的整体状况。

掼牛的传承有其特殊性，它需要人、牛、场地以及经费，这给掼牛传承带来了一定的困难，却也让掼牛这个项目显得弥足珍贵。希望在我们政府、社会以及传承人多方的努力下，掼牛能够越来越“牛”！

嘉兴市南湖区教育文化体育局党委书记、局长

俞新华

一、嘉兴掼牛概述

『掼牛』始于宋元时期，由迁徙而来的回民带入嘉兴，常在回族同胞欢庆穆斯林『宰牲节』时举行。经过几百年的发展演变，逐渐形成具有嘉兴本土特色的传统体育活动。

一、嘉兴掼牛概述

[壹]掼牛的起源

1. 什么是掼牛

掼，在字典中其意“扔，摔，掷”，早在古书《儒林外史》“范进中举”中就有这样的描述：“劈手把鸡夺了，掼在地下。”顾名思义，掼牛即是将牛摔在地上，所以掼牛原来也叫“摔牛”，亦被称为“中国式的斗牛”。掼牛的“掼”除了这“扔、摔”之意，其实还包含了一层嘉兴文化。在嘉兴方言中，“掼”即是“摔倒”之意，比如“掼一

1987年韩海华在第三届全国少数民族运动会上表演掼牛

掼牛中景

掼牛远景

高”就是“摔了一跤”的意思。“掼牛”即是将牛摔倒之意。

掼牛不同于用红绸和利剑同牛相斗的西班牙斗牛，也不同于以牛斗牛的苗族式斗牛，嘉兴掼牛是斗牛士赤手空拳地同牛斗，把牛掼倒在地上，不伤牛身，被誉为“东方文明斗牛”。其场面之惊险、壮观，令人赞叹。

远古时期，掼牛的目的是为了宰牛、杀牛，而如今，掼牛一词代表的是一种勇士和牛之间的平等较量。嘉兴掼牛，赋予了掼牛不一样的内涵。它蕴含着不一样的爆发力，传承着不一样的历史使命，同时它又倡导着人与动物之间的相互尊重、平等相处。

2. 悠久的牛文化

牛是“六畜”之一，与人类的关系甚为密切，从遥远的古代起就结下了不解之缘。作为家畜的牛，起源于野牛。在我国，相传自伏羲氏从事畜牧业开始，即已普遍养牛，距今约有五六千年。早期人们养牛，主要是用于食肉、祭祀和役使。驯牛耕田犁地，大约自春秋始，尚不足三千年。牛的适应性较强，易喂养，负重躬耕，颇有耐力，所以几千年来，耕田、拉车、驮役都离不开它。牛伴随着人类文明进化的脚步，与聪明睿智的人类一起创造了灿烂的农耕文明。在漫长的农耕文明进程中，牛发挥了不可替代的作用。就是在科学非常发达、机械化程度很高的今天，牛仍然是农民重要的生产工具、农业发展的重要力量，与人们的生活有着密不可分的关系。在广袤的北

牛

马家浜的水牛

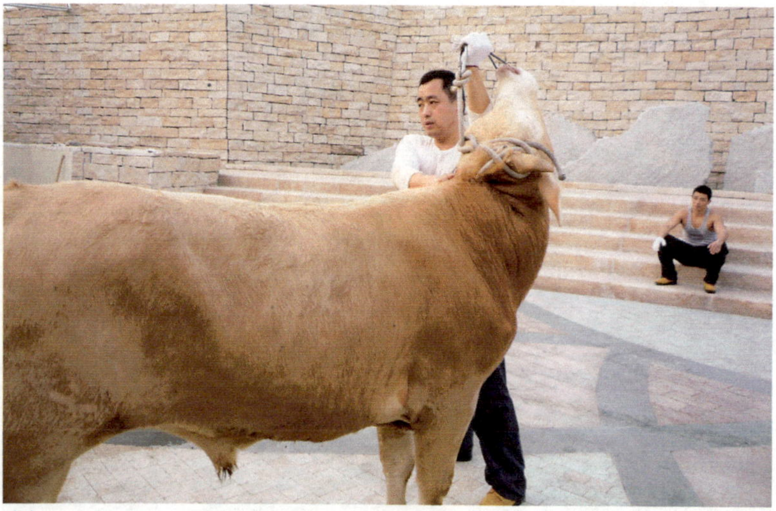
黄牛

方旱作农业区，特别是山区，仍然有大量拉犁疾走的老黄牛；在江南水乡，可以看到角如弯月的水牛在水田里蹚水作业的情景；在雪域高原上，随处可见牦牛驮队矫健的身影。牛是农民的宝贝，在农业机械化之前，牛甚至被称为牛王，农民尊之为神。中国以农立国，牛在古代农业生产中的重要性，恐怕怎么强调都不过分。在传统农业社会中，无论春种、秋收、耕地、拉车、送肥，牛都起着重要的作用，农业活动处处离不开牛，牛受到人们的尊崇和爱护，并产生了种种与此有关的风俗。

早在农耕社会之前，民间就有很多关于牛的传说，蚩尤舞牛便是其中比较有名的一种。传说蚩尤舞牛是对先人业绩的回忆和祭祀。蚩尤是九黎族首领，有兄弟八十一人，铜头铁额，人身牛蹄，头上长着一对牛角。蚩尤部起源于长江中游，是个十分强大的部落，曾打败炎帝部。炎帝退居河北涿鹿后，与黄帝结盟，共同与蚩尤作战，至今涿鹿还保留着黄帝城、蚩尤城及双方征战的古战场。蚩尤最后兵败被杀，他的部落退到南方，但后人依然把蚩尤作为英雄膜拜。古代河北、山西一带民间祭祀蚩尤神，在祭祀仪式上跳蚩尤舞。跳舞时两人或三人一组，头戴牛角，相抵而舞，彼此争斗，以此寄托对先祖蚩尤的眷恋之情。广西马山县的瑶族也把蚩尤视为祖先，每年跳蚩尤舞加以祭祀。

椎牛祭祖是贵州苗族的习俗。贵州台江苗族每十三年祭祀祖先一次，祭祀时间从子年到卯年，历时四年，届时要举行杀牛吃牯脏等仪式，称为椎牛祭祖。第一年修牯脏庙，到祖灵所居的石窟祭山鼓，迎出石窟中的祖先偶像央公、央婆，供奉在牯脏庙中。第二年把山鼓迎送到牯脏庙中，杀黄牛祭祖，用牛皮制作新的山鼓。第三年杀水牛祭祖，在鼓场向祖先祭献牛角。同时举行一系列活动：主祭家庭的女人身穿盛装经过祖灵前时，礼师手持葫芦或瓠瓜，他的助手用竹筒或特制的木筒盛着甜酒洒向女人，女人则以围腰接受；在迎鸟巢仪式上，人们用竹子编制鸟巢，放入象征生命种子的卵石和糯谷穗，晚上，孩子们向鸟巢里投火把，同时，两个男子不断向鸟巢内淋水，以祈求人丁兴旺，五谷丰登。

在以农耕为主的中国古代社会，无论汉族还是少数民族，都把牛尊为保护神，有各种祭牛的节日，如牛节、牛王会、献牛王、牛王节、牛神节、牛魂节等。

湖北汉族在八月十五给牛王过生日，人们做芋头羹吃，称为牛羹，有的地方还喂牛吃芋头。贵州布依族献牛王的时间是四月初八，又称开秧节，这一天人们让牛休息，并做黑米饭或糯米饭敬献牛王。仡佬族的牛王节是十月一日，称为“替牛王祝寿”，人们在这一天停止役使耕牛，并以上好糯米做成粑粑，挂在牛角上，然后将牛牵到水边，让牛看水中的粑粑影子，认为牛会很高兴。海南黎族在七月或十月过牛节，人们在这一天敲锣打鼓，把珍藏的牛魂石取出来用酒洗，喝牛魂石泡过的福酒，唱歌跳舞，欢庆牛的生日。壮族的牛王节又称牛魂节、脱轭节，时间在四月八、五月七、六月六、七月七。传说很久以前，牛患瘟疫，死亡惨重，四月初八这天，牛王从天而降，赶走了瘟疫，保护了耕牛。为了感谢牛王，后来每到这一天，人们都要打扫牛栏，让牛休息，给牛洗澡或以艾叶洗牛身，给牛吃五色饭，喝甜酒、绿豆粥、鸡蛋汤，把红纸挂在牛角上，向牛祝福。

除了在农耕中的作用之外，牛受到人们的尊崇，还有更古老的缘由。《周易·说卦》中称“乾为马，坤为牛”，认为乾是天和父的象征，坤是地和母的象征。牛耕给田野带来生机，牛的体形类似怀孕母体，广西一些地方的壮族人把水牛看作多子的“金蛙”。月亮缺而复圆，弯弯的牛角像初生的月亮，根据同类相生的观念，古人把牛看作女性，看作孕育万物的土地、孕育人类的母亲、死而又生的月亮。受这种观念的影响，许多民族都崇拜母牛，一些游牧民族崇拜牛乳房，海南黎族和广西东兰、巴马等地的壮族人崇拜牛阴门，把具有阴门特征的有孔石头称作“牛魂石”，视为宝物，认为喝了牛魂石泡过的酒，会给人带来福气，促进人口繁衍。一些民族的男人在战争时也随身佩戴着牛魂石，认为可以保护生命。

中国古代，汉族、满族、蒙古族还有“鞭春牛”的习俗。每逢春耕季节，各级官员都要举行“鞭春牛”的仪式。鞭春牛也叫“鞭春”“鞭牛”“鞭土牛”，起源于远古的春耕仪式，为立春前的官方祈农活动。中国古代以农为本，粮食的丰歉关系到国家的安危，所

人与牛

以对于祈求农业丰收的鞭春牛活动，从民间到帝王都不敢怠慢。元、明、清三代都是在立春那天早晨举行鞭春牛活动，其形式从流传下来的春牛图中可见一斑。春牛图是我国北方春节期间人们常贴的木版画，也称“春牛画”或“春贴子”，反映的正是鞭春牛的活动。春牛图上通常画着一头牛和两个芒童。芒童头梳双髻，身穿短衣短裤，手执柳条鞭，站在牛侧或牛后，或者骑在牛背上。画面上写着“五谷丰登”之类的吉祥话语。

清代习俗，北京的鞭春牛活动由顺天府府尹担任春官。立春前一天，顺天府府尹率领僚属们在东直门迎春，将芒神、土牛安置在彩棚中。芒神是主管草木和农业生产的神；春牛最早可能是真牛，后来改为土牛，有五方之色，清末又改为纸牛，牛肚子里通常放着五谷和小春牛。立春这天，大兴和宛平县县令在皇宫午门外正中设案，恭候皇帝、皇后和皇太后。皇帝等人到来后，芒神、土牛缓缓由午门进入皇城，顺天府尹则绕土牛而走，边走边用五彩丝缠绕的春鞭鞭打土牛。

在各地的鞭春牛活动中，也有由民间艺人扮演的春官，随着春牛的行进，他们一面鞭打春牛，一面表演诙谐的舞蹈，诵唱野曲春歌，模拟交合动作。在鞭春牛活动结束后，人们纷纷把春牛打破，争抢塑春牛的泥土或春牛肚子里的粮食，把它们撒到自己的田地或牲口栏里，以为这样会使五谷丰登、六畜兴旺；有人还把春牛肚子里的小春牛取出，或者另外购置小春牛，敲锣打鼓，送给富有或者婚后无子的人家，俗称“送春”，以为可兆生子，所受人家必给重谢。鞭春牛体现了接触巫术的观念。传统婚俗中也有鞭打新郎新娘的内容。据云南白族婚俗，新娘入洞房时，很多人在暗中掐她。在哈尼族婚礼上，新郎的迎亲队伍会受到新娘村中男女青年的鞭打。江苏泰兴旧俗，如果女人结婚两年后仍不生育，众亲邻就用扫帚、竹木条抽打她，以为可促使她怀孕生子。这是上古习俗的变形，试图通过鞭打使新妇感染集体的生殖力。鞭春牛时模拟男女交合，抢春牛身上的泥土，也含有类似意图，想使人与牛的生殖力相互感染，获得农作物和人类自身生产的双丰收。

嘉兴地处长江三角洲，是新石器时代马家浜文化的发祥地，距今七千年前市境就有先民从事农牧渔猎活动。马家浜文化，居民主要从事稻作农业，多处遗址中出土了稻谷、米粒和稻草实物，经鉴定，已普遍种植籼、粳两种稻。农用工具有穿孔斧、骨耜、木铲、陶杵等。还饲养狗、猪、水牛等家畜。渔猎经济也占重要地位，常发现骨镞、石镞、骨鱼镖、陶网坠等渔猎工具，以及陆生、水生动物的遗骸。在吴县草鞋山出土了葛麻纤维织造的纬线起花罗纹编织物，远比普通平纹麻布进步。发现多处房屋残迹。当时已有榫卯结构的木柱，在木柱间编扎芦苇后涂泥为墙；用芦苇、竹席和草束铺盖屋顶；居住面经过夯实，内拌有砂石和螺壳；有的房屋室外还挖有排水

参加2012年首届掼牛争霸赛的斗牛

掼牛活动中的金华斗牛

沟。多红色陶器，腰檐陶釜和长方形横条陶烧火架（或称炉箅）是该文化独特的炊具。

发达的农耕文化，让当时的牛地位凸显，也让人们对牛有了不一样的崇敬之心。

3. 新时代的牛精神

随着时代的进步，农业社会慢慢步入工业时代，而牛的地位直线下降。数千年来，牛默默地为人类做着沉重的工作，在平凡的劳动中铸造出人们从古至今推崇的“老黄牛精神”，用自己的劳动和汗水赢得了人类的喜爱乃至尊重。

而新的时代，牛的地位和价值不断弱化，好在两年前“中国梦，牛精神”的公益广告让“牛”又重回人们的视野。

辛勤劳作，吃苦耐劳，默默负重，是牛最优良的品质。牛大部分时间在田间劳作，可以拉犁、拉车、拉碾、驮物，可以载人。拉犁负重的牛，总是低头默行，专心致志，心无旁骛，即使路边有鲜嫩的青草，它也无暇顾及，只顾向前，直奔目标，拖出身后一列又一列松土，好让人们下种，得到秋天丰硕的成果。等到黄金满地或农闲时，它又开始担当起更为繁重的搬运工作。吃大苦，耐大劳，更是它畜难以企及。无论多么泥泞的道路、多么陡峭的山坡，它都会一声不吭坚毅地向前迈进。遇到困难和挫折，它会等闲视之。过去在农村，常常会看到拉车负重的牛。当它在拉装满粮食或肥料的架子车上坡时，往往双目圆睁，鼻孔张大，浑身冒汗，奋力前行。在行至坡的最陡处，眼看无力再上、车就要后退时，只见它后蹄用力蹬地，前腿双膝跪地，增大了与地面的摩擦力，在人力的帮助下，终于到达坡顶。此时，只见它肚皮剧烈翕动，鼻孔拼命地喷气，尾摇耳扇，疲惫不堪，极像一位完成重大使命的勇士！

踏实勤恳，任劳任怨，无私奉献，是牛的又一种伟大品格。牛不偷懒，不耍滑，总是踏踏实实，勤勤恳恳，任劳任怨，只要草料食得饱，就好像有使不完的劲。它“富贫饱饥，功用不有；陷泥蹶块，常在草野”。不论是在富人家，还是在穷人家，不管吃得饱，还是挨

踏实勤恳、任劳任怨的牛精神

着饿，都会任人使唤，作功不辍，经常行走在田间草野，实在太过辛劳。牛虽有大功劳，但都是为人类做“嫁衣”，自己却得不到丝毫益处。它“吃的是草，挤出的是奶”，忍辱负重、任劳任怨一生，直到“力尽刀尖死”，还把肉、皮、毛、角、骨、髓、脂、黄及脏腑等贡献给人类。被列宁誉为“中国11世纪时的改革家”，“唐宋八大家”之一的王安石有《和圣谕农具诗》赞曰：“朝耕及露下，暮耕连月出。自无一毛利，至有千箱实。”今天，我们把为人民利益而勤奋工作、任劳任怨、不计得失的人称为革命的“老黄牛”，倡导人们学习这种无私奉献的“老黄牛精神”，正是对牛这种崇高品格的赞美。

敢于拼搏，英勇无畏，执拗强悍，是牛的本质特性。常言说，“初生牛犊不怕虎”。两群生牛相遇，为首的总会甩角翘尾，圆睁怒目，前蹄刨地，哞哞作吼，同群的牛也吼声相随，以壮声威，震慑对方；交战前，耀武扬威，反复掂量，以争取气势上占优。一旦交战，有角的以角抵角，无角的头顶相抵，四蹄蹬地，尾巴高扬，躲闪腾挪，猛力攻击，直到对方回头败走，得胜者方才作罢。那阵势，扣人心弦；那场面，惨烈无比，有时会付出血的代价。在藏族的牧区，常见两群牦牛争夺草场，互相冲击顶撞，各不相让，人都无法将它们分开，甚至一顶两三天。真有一股子“天教我辈头生角，索性抵牾到百年”的韧劲！牛群和公牛抵御猛兽也是非常顽强凶猛的。牛与虎狼等动物相遇，它也绝不会像弱小动物那样俯首称臣，轻易就擒，而

敢于拼搏、英勇无畏的牛精神

是英勇顽强，拼力争斗。有些地方风行斗牛，就是利用了牛的这种脾性。在斗牛场或斗牛会上，牛都显露出那种猛顶猛冲的狠劲，即使那些平常脾气最好而又呆笨的水牛，一旦斗起来也是迅猛敏捷，有如凶兽。于是人们往往把一些人的倔强脾气和雄强有力，称作“牛脾气”和“牛劲儿”。

诚实守信，温柔敦厚，团结和洽，是牛最显著的特点。牛虽然是动物，具有勇猛顽强的本性，但它却非常有灵气，颇通人性。家养的牛，你把它放牧田野，天黑时它会准时回到家里的槽上，正像《诗经》所说“日之夕矣，羊牛下括”。家里的猪、羊、鸡它不攻击，不伤害，即便在牛槽边上放下襁褓中的婴儿，它也会小心翼翼地绕过。再性烈的牛，对饲养它的人，即便是妇孺老弱，它也决不使性子。生了犊的母牛对犊子所表现出的饲喂、保护的母爱可让人类汗颜。“舐犊之情”说的正是这种至深至爱的“母犊”之情。牛也有喜怒哀乐。牛乐了，会哞哞吼叫，甩头摆尾，欢奔乱跳，相互嬉戏，碰角争斗。牛愁了悲了，会垂头丧气，无精打采，长卧不起，不饮不食，以忧郁的目光看着人，有时还会流下伤心的眼泪。当牛受到外来的攻击，或者对牛杀牛，它会发出声声哀鸣，实在令人怜悯不已。

如今，嘉兴掼牛将牛作为“对手”，与牛展开平等较量，除了力量的比拼，也在唤醒人们对牛的尊重。

4. 掼牛起源传说

早期的掼牛实际上并不能称之为“掼牛”，称其为“摔牛”“甩牛”的更多。它曾在中国许多地方流传，也不只是回族有人与牛相斗的运动形式。关于其起源，有人认为源于李冰斗蛟龙的传说。据宋代李昉《太平广记》卷二百九十一之《成都记》记载：“李冰为蜀郡守，有蛟岁暴，漂垫相望，冰乃入水戮蛟，己为牛形，江神龙跃，冰不胜。及出，选卒之勇者数百，持强弓大箭，约曰：‘吾前者为牛，今江

神亦必为牛矣，我以太白练自束以辨，汝当杀其无记者。’遂吼呼而入。须臾，风雷大起，天地一色。稍定，有二牛斗于上。公练甚长白，武士乃齐射其神，遂毙。从此蜀人不复为水所病……故春冬设有斗牛之戏。”也有传说古时人们为了庆祝获得丰收，将象征丰收的牛作为求神、酬神的祭品，在祭祀活动中为了讨神的喜欢，人与牛、牛与牛之间往往要表演各种各样的动作，这种讨神喜欢而表演的动作便是斗牛活动的起源。

传说早在宋元时期，嘉兴就出现了“摔牛”。宋元时期，嘉兴来了一支回民部队，俗称“回回营”。起先因为战事而驻扎在嘉兴角里街一带，后来随着战事的平息，军人开始转向农耕，这支部队也随之定居下来。近千户人家，他们每年过宰牲节时，都要宰上百头牛。每次宰牛都要把牛赶在一起，然后由四五个年轻力壮的小伙子拿着绳子和木棍，互相配合把牛捆住摔倒。有一次在捆一头大公牛时，一个小伙子被牛顶伤而死，乡亲们为此很伤心。第二年过宰牲节时，有一个勇敢聪明的年轻人，他眼疾手快，不用别人帮忙，一个人很敏捷地把牛摔倒了。乡亲们赞不绝口，广为流传。在他的影响下，以后每年到了宰牲节，都有不少精明能干的小伙子一个个来摔牛。从此以后，摔牛成了回族群众喜爱的一项传统体育活动，每年宰牲节专门进行表演。据海华武馆斗牛士、韩海华的徒弟谢培荣回忆说：“当时清真寺举行宰牲节，人们便是以掼牛的方式将牛控制住让阿訇行

回族掼牛

礼的。”

后来随着民族之间文化交流的发展，逐渐形成一种嘉兴民间的传统民俗活动，而且大多在喜庆节日时举行。积习相沿，经久不衰，是带有东方文明独特魅力的民间游乐活动。其风情可与西班牙斗牛相媲美，被称为“东方一绝”。

另据掼牛传承人韩海华介绍，掼牛最初起源于马家浜文明，远古的嘉兴先民从抵御野牛的攻击、捕杀牛到将牛进行驯化，摸索出一套独特的抓牛技巧，这便是掼牛的最初萌芽。随着人类文明的不

宰牲节上的掼牛汇活动

断向前推进，抓捕和驯服牛变得不再重要，也就不再盛行。一直到宋元时期，嘉兴的回族居民开始将抓牛的技巧运用到他们的传统节日“宰牲节”上，通过不断地摸索与尝试，充实更多的技巧性，使其更具观赏性，形成现代掼牛的雏形，从此掼牛运动开始在嘉兴回族同胞中盛行，因而带有浓厚的民族特色。历经数百年的发展，嘉兴的武术家将船拳、心意六合拳、查拳等中华优秀传统武术融入其中，使其在技术发展上日臻完善，观赏性大幅提升，逐步形成现代掼牛运动。

掼牛在没有形成正式表演前，对象主要是宰牲节上供阿訇行礼的牛，这些牛没有特定性，而作为如今掼牛的“牛”，它们具有特定性，我们称为“对象牛”。牛在历史长河中属于人们最好的伙伴，中华民族对牛有一种独有的尊重。而对于练武之人来说，武功到了什么程度，总想要找个对象较量一下。如果单纯地与野兽斗，这样的行为太过危险，而且对象不好寻找。慢慢地，牛便进入了练武之人的视野。“力大如牛”让练武之人总是想要与力量的代表——牛，一争高下。

[贰]嘉兴掼牛的历史

1. 嘉兴“牛”历史

嘉兴是新石器时代马家浜文化的发祥地，距今七千年前市境就有先民从事农牧渔猎活动。春秋时，此地名长水，又称槜李，吴越两国在此风云角逐。战国时，划入楚境。秦置由拳县、海盐县，属会稽郡。两汉时煮海为盐，屯田为粮。

三国时吴国雄踞江东，析由拳县南境、海盐县西境置盐官县。吴黄龙三年（231）“由拳野稻自生”，吴大帝孙权以为祥瑞，改由拳

马家浜

为禾兴，赤乌五年（242）改称嘉兴。两晋、南北朝时，嘉兴得到进一步开发，“一岁或稔则数郡忘饥”。隋朝开凿江南河，即杭州经嘉兴到镇江的大运河，给嘉兴带来灌溉舟楫之利。

唐玄宗天宝十年（751）析嘉兴县东境及海盐、昆山等县部分辖地置华亭县。唐代嘉兴屯田二十七处，“浙西三屯，嘉禾为大”，嘉兴已成为中国东南重要产粮区，有“嘉禾一穰，江淮为之康；嘉禾一歉，江淮为之俭”的说法。

五代十国时期，吴越国在嘉兴设置开元府，领嘉兴、海盐、华亭三县，是为嘉兴首次设州府级政权。后晋高祖天福五年（940），因吴越王钱元瓘之奏请，在嘉兴置秀州，领嘉兴、海盐、华亭、崇德四县。北宋改秀州为嘉禾郡，南宋宁宗庆元元年（1195）升郡为府，后改嘉兴军。南宋景炎元年（1276）改嘉兴军为嘉兴府安抚司，旋升为嘉兴路总管府。宋元时，嘉兴经济较发达，被称为“百工技艺与苏杭等”，“生齿蕃而货财阜，为浙西最”。乍浦、澉浦、青龙等港口外贸繁荣，海运兴隆。明宣德五年（1430）析嘉兴县西北境为秀水县，析

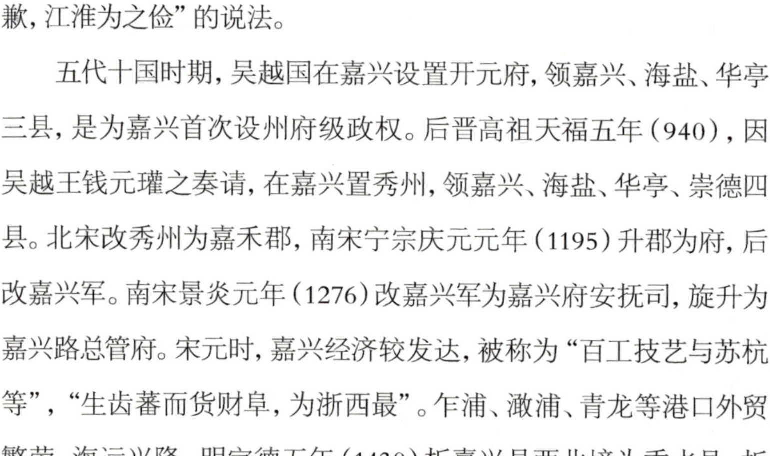

嘉兴市南湖区

东北境为嘉善县，析海盐县置平湖县，析崇德县置桐乡县，嘉兴府下辖七县，称一府七县。此后四五百年内嘉兴府县体制基本未再变动。其时，在农业和手工业发展的基础上，商品经济日渐繁荣，棉布丝绸行销南北，远至海外，嘉兴王江泾镇的丝绸有“衣被天下”的美誉，嘉善有“收不完的西塘纱”的谚语，桐乡濮院镇丝绸“日产万匹”，名闻遐迩。

除了优越的地理条件，嘉兴的人文情怀也是掼牛在此得到发展的一个重要因素。当地流传，传说元朝大军抵达嘉兴并驻屯，军中众多回族武士和家眷恋上了这块土地，并在此定居。明清时期，也

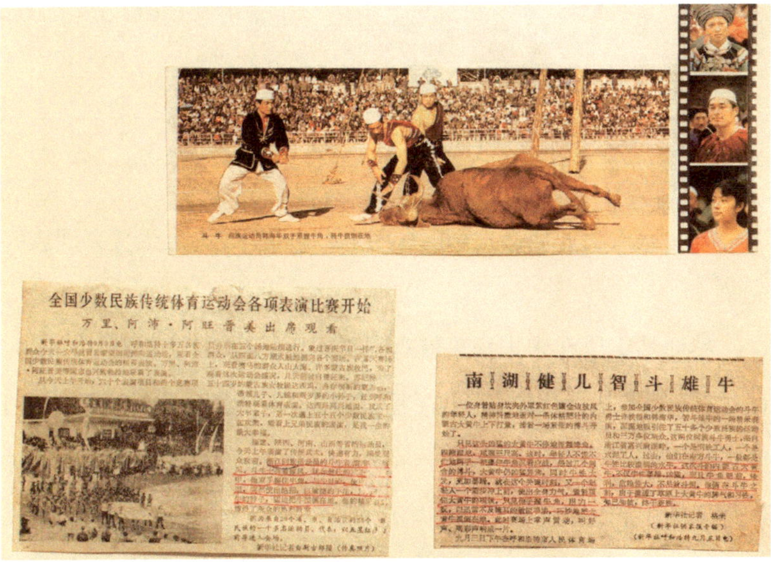

20世纪80年代的嘉兴掼牛报道

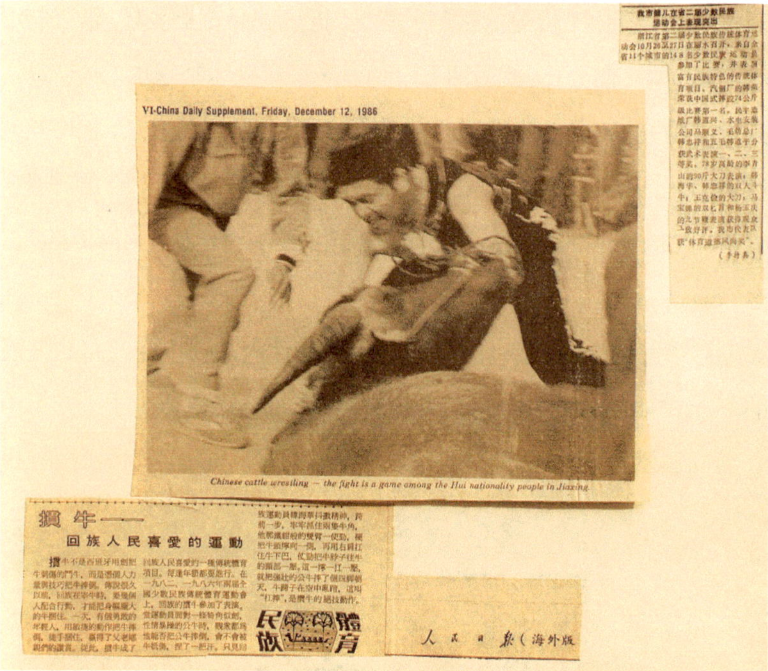

我市健儿在省二届少数民族运动会上表现突出

浙江省第二届少数民族传统体育运动会10月26至27日在丽水召开，来自全省11个城市的148名少数民族运动员参加了比赛，并表演富有民族特色的传统体育项目。汽油厂的韩尚荣获中国式摔跤74公斤级比赛第一名，民丰造纸厂韩道兴、本市安装公司马愿文、毛纺总厂韩忠祥和五毛韩道宇分获武术表演一、二、三等奖，78岁高龄的李青山的90斤大刀表演，韩海华、韩忠祥的双人掼牛，王克俭的大刀，马宝锦的双匕首和杨玉庆的九节鞭表演获得观众一致好评。我市代表队获"体育道德风尚奖"。

VI-China Daily Supplement, Friday, December 12, 1986

Chinese cattle wrestling — the fight is a game among the Hui nationality people in Jiaxing.

摜牛——
回族人民喜愛的運動

……族運動員韓海華抖擻精神，搶前一步，牢牢抓住兩隻牛角，他那鐵鉗般的雙臂一使勁，便把牛頭擰向一側，再用右肩扛住牛下巴，使勁把牛脖子往牛的頸部一壓，這一擰一扛一壓，就把強壯的公牛摔了個四蹄朝天，牛蹄子在空中亂蹬，這叫"扛摔"，是摜牛的絕技動作。

民族體育

人民日报（海外版

1986年的掼牛报道

有部分回族人士迁居嘉兴东门和角里街一带，成为今天嘉兴回族的先辈。

然而其实早在宋末嘉兴就有回民居住，而有历史记载的回民在此生活，则要从元代说起。据《嘉兴市志》记载，元代时，嘉兴的回族人民在嘉兴南湖区角里街一带聚居。因为生存的需要，这些回民大都从河南、山东回族聚居地南迁而来，并建立了规模较大的清真寺。本地人称角里街为“回回街”。在回族“宰牲节”仪礼上，掼牛常

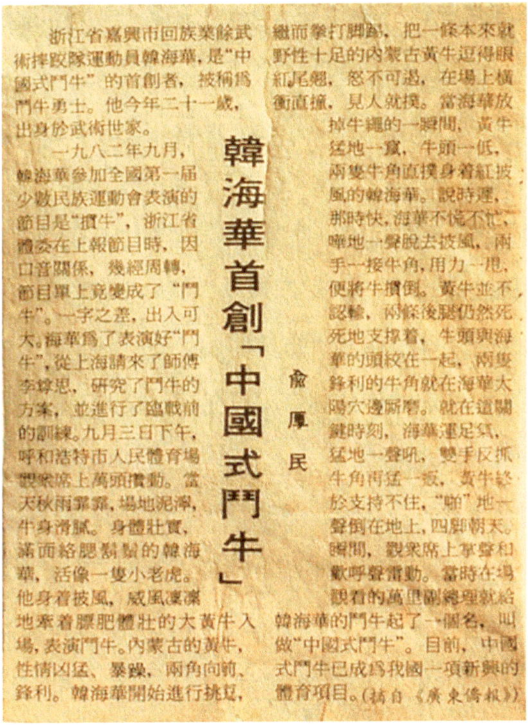

韓海華首創「中國式鬥牛」

俞厚民

浙江省嘉興市回族業餘武術摔跤隊運動員韓海華，是"中國式鬥牛"的首創者，被稱爲鬥牛勇士。他今年二十一歲，出身於武術世家。

一九八二年九月，韓海華參加全國第一届少數民族運動會表演的節目是"摜牛"，浙江省體委在上報節目時，因口音關係，幾經周轉，節目單上竟變成了"鬥牛"。一字之差，出入可大。海華爲了表演好"鬥牛"，從上海請來了師傅李鎼思，研究了鬥牛的方案，並進行了臨戰前的訓練。九月三日下午，呼和浩特市人民體育場觀衆席上萬頭攢動。當天秋雨霏霏，場地泥濘，牛身滑膩。身體壯實，滿面絡腮鬍鬚的韓海華，活像一隻小老虎。他身着披風，威風凜凜地牽着膘肥體壯的大黃牛入場，表演鬥牛。內蒙古的黄牛，性情凶猛、暴躁，兩角向前、鋒利。韓海華開始進行挑逗，繼而拳打腳踢，把一條本來就野性十足的內蒙古黄牛逗得眼紅尾翹，怒不可遏，在場上横衝直撞，見人就撲。當海華放掉牛繩的一瞬間，黄牛猛地一竄，牛頭一低，兩隻牛角直撲身着紅披風的韓海華。說時遲，那時快，海華不慌不忙，嗶地一聲脱去披風，兩手一接牛角，用力一扭，便將牛摜倒。黄牛並不認輸，兩條後腿仍然死死地支撑着，牛頭與海華的頭絞在一起，兩隻鋒利的牛角就在海華太陽穴邊廝磨。就在這關鍵時刻，海華運足氣，猛地一聲吼，雙手反抓牛角再猛一扳，黄牛終於支持不住，"啪"地一聲倒在地上，四腳朝天。瞬間，觀衆席上掌聲和歡呼聲雷動。當時在場觀看的萬里副總理就給韓海華的鬥牛起了一個名，叫做"中國式鬥牛"。目前，中國式鬥牛已成爲我國一項新興的體育項目。（摘自《廣東僑報》）

1986年《人民日报》刊登的"中国式斗牛"报道

常被作为礼仪的一部分。

牛是稻耕的主要生产工具，也是回民的主要食物来源，"嘉兴掼牛"就是在这种关联环境中应运而生的。

2. 嘉兴掼牛

马家浜文化的孕育，让掼牛有了最初的萌芽；京杭大运河的开通，为嘉兴带来了回族文化和更加丰富的武术文化。然而掼牛成为一项运动则要从元代开始说起。自元代开始，河南等地的部分回族人民迁徙嘉兴，在繁忙的劳动之余，斗牛以娱，进而演变为节庆、喜事中表演斗牛助兴。据《嘉兴市志》记载，掼牛是嘉兴市回族人民的传统体育项目，由生产活动（宰牛）逐渐演变而成，以前每逢开斋节、古尔邦节，都要表演这一项目，有单臂摔、双臂摔、肩摔、扛摔等，摔牛的标准分为“失蹄”“倒地”“四脚朝天”三级，以“四脚朝天”为最高级。1954年在嘉兴市第四届运动会上，曾表演过简单的摔牛，之后这种群众性传统体育项目在相当长的一段时间里从人们的视线中消失了。

掼牛传承人——韩海华

“嘉兴掼牛”并不是简单地指嘉兴的掼牛，或者是在嘉兴的掼牛。如今，它已经被列入国家级非物质文化遗产保护名录。2008年6月，它被嘉兴市列为第二批非物质文化遗产，而韩海华作为传承人也被誉为“中国式斗牛第一人”。

国内回族掼牛活动散见于浙江、河南、山东等回族聚居地。从活动规模和掼牛的传承

韩海华在1986年第十一期《人民画报》上的照片

性、技巧性、观赏性而论，嘉兴市南湖区的“嘉兴掼牛”独具特色。

嘉兴掼牛，规则简单，过程独特。掼牛士助手先对牛挑逗，逗得牛在场上横冲直撞。此时，掼牛士亮相登场，面对怒牛，掼牛士择机两手扳住牛的双角，将牛头拧向一侧，牛拼命挣扎，掼牛士随即紧抱牛头，用肩扛住牛下巴，运足力气，将身子往牛的颈部一压，牛顿时失去平衡，摔倒在地。这一拧一扛一压的掼牛绝技，是嘉兴掼牛的主要特征。

嘉兴掼牛评判标准视掼牛士的技巧和牛倒地的不同类型而定。掼牛类型有单臂掼、双臂掼、肩掼、扛掼等多种掼法。

嘉兴掼牛随着时代的演变，其活动内容和形式也不断创新发

抱摔

扛摔

单膝跪地

四脚朝天

单臂摔

展。嘉兴掼牛传承人连续三届在全国少数民族体育运动会上表演掼牛绝技。1982年参加表演时，全场观众叹为观止，时任国务院副总理万里观看后称它为“中国式斗牛”，嘉兴掼牛因此名扬海内外。

近二三十年来，由于历史、经济等原因，嘉兴掼牛时断时续。近年来，在当地政府的大力扶持下，重新兴起，并且建立了嘉兴掼牛传承保护基地。

3. 嘉兴掼牛的悠远历史

据传承人韩海华讲述，他的父亲韩忠明（生于1929年）是20世纪40年代本地回族的掼牛高手，韩忠明的师傅狄燕仁（约生于1895年）和叔叔都是当时当地著名的大力士和掼牛手。韩海华最初也和他的师傅一样，只是一名普通掼牛手，哪里有牛就去哪里掼。

2008年6月4日，韩海华的父亲韩忠明留下过一份回忆资料，短短数语却道出了“中国式斗牛第一人”与掼牛的缘分。他说道：“1953年的‘掼牛’活动之后，李尊思就留在了嘉兴，专门教习本族青少年习练武术，我儿韩海华自幼跟我学‘回族摔跤’‘掼牛’，在同龄人中渐渐地有了名气。一日恰逢清真寺宰牛仪式，海华和本族青年就自告奋勇前往，一方面练胆量、显气功，另一方面则是体验老师教习的功法。1973年那会儿，我在嘉兴东门伊斯兰点心店工作，一天，一家屠宰厂有一头牛在开宰前受惊，一路狂奔，冲到东门铁道岔口上，情势危急。我听到后就赶到铁道口上前制牛。这头牛重约千斤，又因为受惊倔得很。我眼疾手快一把抓住了牛鼻绳，扛起牛头，双手扣住牛角，一个猛劲将牛掼倒，然后牵牛回到屠宰场。当时的屠宰场负责人很开心，还奖了我一副牛蹄筋。首届民运会，海华跟我说要跟师傅李青山去，是去表演斗牛，考虑到海华已经具备了一定的武术功底，我答应了。后来韩海华又连续参加了几届全国民运会，每次都带回来很多奖牌奖状。”

据上海著名武术家、掼牛高手李尊思回忆，在20世纪30至50年代时，能掼牛的人并不是很多，但掼牛曾作为回民特色节目被邀请演出，李青山、李尊思、嘉兴当地著名武术家以及韩忠明、韩忠祥都受邀在武汉新世纪演艺广场、上海大世界、嘉兴“中山厅”等地进行过掼牛表演。

在如今的《嘉兴市志》中就有这样的记载：20世纪80年代，嘉兴武术队多次参加全运会及全国少数民族体育竞赛和表演活动。如1981年的全国武术观摩交流大会、1982年的全国少数民族传统体育

运动会、1983年的第五届全运会、1985年的国际武术表演赛、1986年的全国第三届少数民族传统体育运动会、1987年的第六届全运会等。在这些运动会上，李青山表演了样刀，李青山、韩海华表演排打功，韩海华、韩忠祥表演摔牛等项目。

可见，早在20世纪80年代掼牛就已出现在了公众的视野中，只是当时它是以一种武术表演项目存在的，并未得到广大观众的重视。此时也正值改革开放的春风吹遍了祖国大地，政治、经济、文化等各个领域都开始复苏了，嘉兴1980年成立了“嘉兴回族武术摔跤队”，武术中吸纳了全国许多武坛高手。嘉兴当地著名武术家李青山任嘉兴回族武术摔跤队总教练，韩海华任武术队队长。

再来细说下1982年9月第二届全国少数民族传统体育运动会上韩海华表演的掼牛。当时韩海华与牛相搏数分钟之后，他用一记灵巧的扛摔把壮牛重重摔在地上，引起了在场观众极大的震惊。那段历史让韩海华记忆犹新。“当时是第二届少数民族运动会，国家领导人对掼牛很重视。本来当天下午要走，想上午看掼牛，但考虑到运动员的休息时间，没有将我们的比赛时间提前，而是特地留到了下午，结果却差点让他们失望。”韩海华说当时自己经验不够丰富，差点造成遗憾。“举行比赛的场地是在一个400米宽的足球场内，当天还下着雨，场地很大，牛角很滑，师兄上场半小时都没有将牛掼倒，因为根本抓不住牛。后来师傅叫我上，吸取了师兄的教训，我上场后首先大喝一声将牛怔住，就在怔住的刹那间，我用力抓住牛角，将牛头锁住。随后凭借自己平时摔跤的灵活性和硬气功的爆发力一举将牛摔倒。”韩海华对当时比赛的细节记忆犹新。抓住牛头后的韩海华其实也并不轻松，千斤重的牛和百斤重的人力气自然有所差距，韩海华最终还是凭借着自己的智慧和扎实的武功将牛掼倒。在牛倒下的那一刻，现场响起了雷鸣般的掌声，在场的国家领导人更是要求接见韩海华。

出席这届运动会的国家领导人、时任国务院副总理万里就曾这样赞誉过掼牛：“这个项目具有中国传统民间特色，真不愧为‘中国式斗牛’。”随后的第三届、第四届全国少数民族传统体育运动会，韩海华都带着他的“掼牛”去参加了。《人民画报》还刊登了1986年韩海华在第三届少数民族运动会上掼牛的照片。至此，“中国式斗牛第一人”的称号被冠到了韩海华头上，嘉兴掼牛也跟着迎来了自己独有的一片天地，全国人民对它的重视日益增强。在如今还能找到的《嘉兴风情》中就有关于“中国式斗牛”的记载，以及整个掼牛过程的详细描述。

《体育报》《人民日报》《羊城晚报》《浙江日报》《北京日报》《广东侨报》等国内许多媒体对韩海华和他的掼牛进行了报道。报道皆以“韩海华”“中国式斗牛”作为主要关键词。韩海华也在多部影视作品中表演了精彩的掼牛。

其实作为表演性质的掼牛演出早在20世纪三四十年代就有了。韩海华的师傅李青山、李尊思当时就在武汉新世纪演艺广场、上海大世界表演掼牛。韩海华的父亲韩忠明，叔叔韩忠祥，师傅李青山、李尊思于1953年和1954年在嘉兴“中山厅”进行过掼牛表演。

“文化大革命”时，由于历史原因，掼牛表演中断了十多年。20世纪80年代以来，韩海华连续三届在全国少数民族传统体育运动会上表演掼牛绝技，并且开始在影视上展演。20世纪末，嘉兴掼牛一度中断。近年来在政府和社会的重视下，嘉兴掼牛再度兴起。

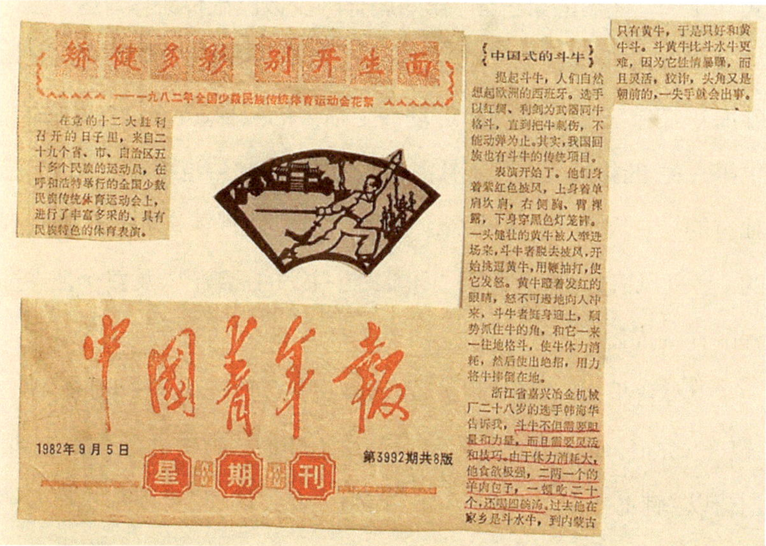

矫健多彩 别开生面

——一九八二年全国少数民族传统体育运动会花絮

在党的十二大胜利召开的日子里，来自二十九个省、市、自治区五十多个民族的运动员，在呼和浩特举行的全国少数民族传统体育运动会上，进行了丰富多采的、具有民族特色的体育表演。

中国青年報

1982年9月5日

星期刊

第3992期共8版

中国式的斗牛

提起斗牛，人们自然想起欧洲的西班牙。选手以红绸、利剑为武器同牛格斗，直到把牛刺伤，不能动弹为止。其实，我国回族也有斗牛的传统项目。

表演开始了。他们身着紫红色披风，上身着单肩坎肩，右侧胸、背裸露，下身穿黑色灯笼裤。一头健壮的黄牛被人牵进场来，斗牛者脱去披风，开始挑逗黄牛，用鞭抽打，使它发怒。黄牛瞪着发红的眼睛，怒不可遏地向人冲来，斗牛者挺身迎上，顺势抓住牛的角，和它一来一往地格斗，使牛体力消耗，然后使出绝招，用力将牛摔倒在地。

浙江省嘉兴冶金机械厂二十八岁的选手韩海华告诉我，斗牛不但需要胆量和力量，而且需要灵活和技巧。由于体力消耗大，他食欲极强，二两一个的羊肉包子，一顿吃二十个，还喝四碗汤。过去他在家乡是斗水牛，到内蒙古只有黄牛，于是只好和黄牛斗。斗黄牛比斗水牛更难，因为它性情暴躁，而且灵活，狡诈，头角又是朝前的，一失手就会出事。

《中国青年报》上的掼牛报道

《广东侨报》上的掼牛报道

《武术》杂志上关于斗牛士的报道

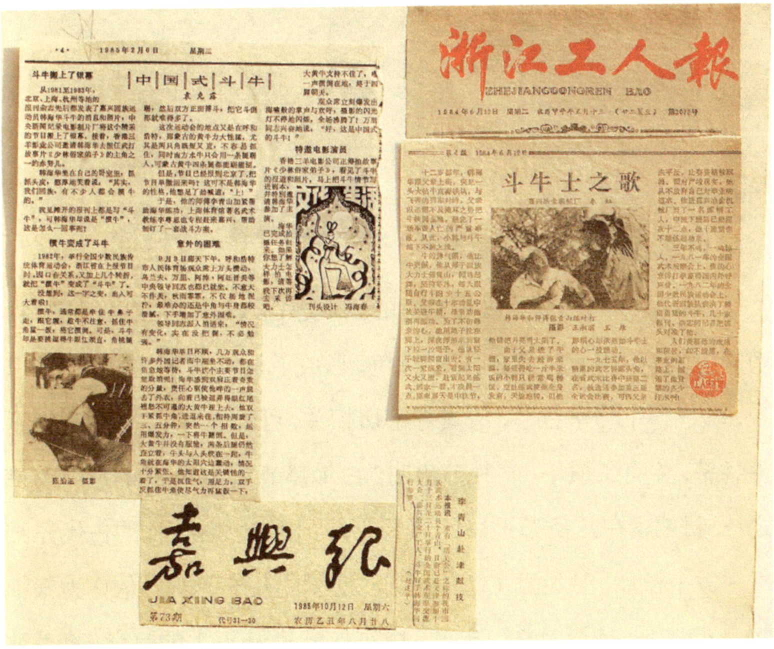

《嘉兴报》和《浙江工人报》上的掼牛报道

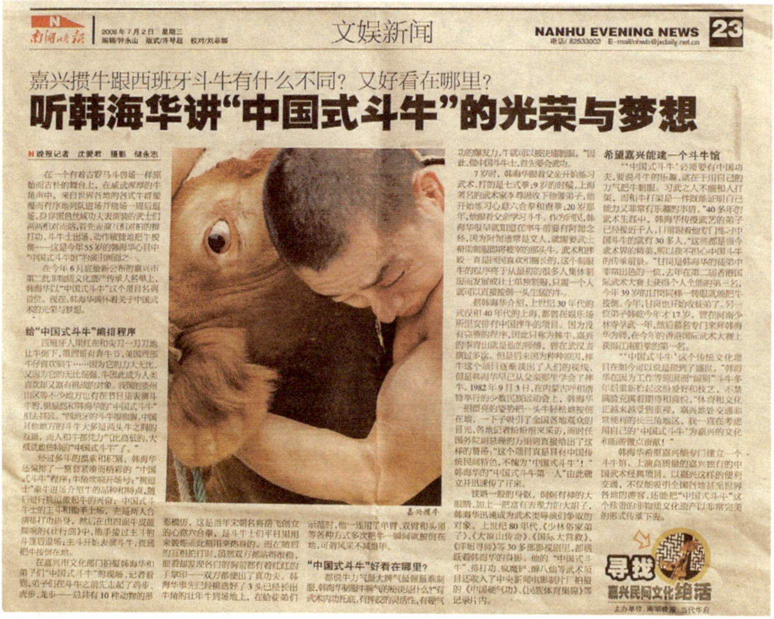
南湖晚报 | 2008年7月2日 星期三 | 文娱新闻 | NANHU EVENING NEWS | 23

嘉兴掼牛跟西班牙斗牛有什么不同？又好看在哪里？

听韩海华讲"中国式斗牛"的光荣与梦想

晚报记者 沈爱君 摄影 储永忠

给"中国式斗牛"编排程序

希望嘉兴能建一个斗牛馆

"中国式斗牛"好看在哪里？

寻找嘉兴民间文化绝活

《南湖晚报》上的掼牛报道

4. 嘉兴掼牛的原址调查

由于嘉兴的回族居民将原有的抓牛进行改良和发展，融入宰牲节之中，使其具有浓厚的民族特色，形成了现代掼牛的雏形，所以说，现代掼牛与宰牲节、清真寺密切相关，可以说有了清真寺，有了宰牲节，才有了掼牛。宰牲节也叫"古尔邦节"，是回民的三大节日之一，日期设在开斋节过后的第七十天。相传伊斯兰教的古代先知之一伊布拉欣，梦见真主命他把自己心爱的儿子伊斯玛依作为祭祀物，以考验他是否对真主忠诚。伊布拉欣遵从真主的旨意，真主被

时任南湖区区长董苗虎接受中国民族民间体育研究会中国掼牛研发基地牌匾

其诚心感动，命天仙背来一只黑头羊代替伊斯玛依做祭物，手起刀落羊便倒了，后来圣人穆罕默德把这天定为“宰牲节”。按伊斯兰教规，凡身体健康，有足够旅费，路途安全，穆斯林一生至少朝觐一次，朝觐时间为每年伊斯兰教教历的十二月九日到十二日，“古尔邦节”便在这个月的十日，“古尔邦”意为“牺牲”“献身”，因其来历也称“献牲节”“忠孝节”[1]。欢乐与友爱，在这个特殊的日子里会无一遗漏地送达每一位穆斯林那里。

宰牲节与掼牛有何联系？回族信奉真主安拉，每年都要在宰牲

[1] 参见吴良镛：《北京旧城与菊儿胡同》，中国建筑工业出版社，1994。

节这一天的日出后、日落前宰杀一定数量的牛、羊等，分送给周围的人，以表达对真主安拉的诚心信仰，凡被宰杀的牛，必须是养到两年零一天的。宰牲时，首先由阿訇手捧《古兰经》主持诵经，完毕后，由几名壮汉将牛摔倒，由阿訇持尖刀开宰并结束开宰仪式。[1]由于阿訇是文弱书生，控制牛、骆驼等大型家畜的工作需要由多名壮汉来协助完成，如是掼牛就成了宰牲节礼仪中的一部分。相传宰牲节上的掼牛活动来源于回族人民对回族勇士的纪念，属于一种怀念形式，逐渐演变为一门表演艺术，并受当地人民的喜爱，掼牛时每每都有大量当地居民前来观看。

《嘉兴市志》记载，元代实施屯军制度。随军抵达嘉兴的回族战士及商人之后定居嘉兴，逐渐成为“嘉兴回族”。嘉兴甪里街一度成为嘉兴最早的回族聚居地，被称作“回回街”。史籍记载：早在宋元时期，嘉兴就有回族人驻足。北宋，秀州（即嘉兴）为全国六个对外贸易港埠——市舶司之一。辖内“澉浦市舶之设，始于宋淳祐六年（1246），元仍宋制”，“每岁招集舶商于蕃邦易珠翠香货等物，及次年回航”。乍浦也于元代设市舶司。[2]元代，回族人已定居嘉兴。

伊斯兰教传入嘉兴的时间无考，当系宋元时随阿拉伯商人来澉

[1] 刘易斯·芒福德：《城市发展史——起源、演变和前景》，宋俊岭等译，中国建筑工业出版社，2005。

[2] 《元史》志卷五十三，食货二，市舶条。

浦等港贸易时传入。据传，宋元之际，今角里街一带居住穆斯林商人，有一座穆斯林礼拜的“麦斯志德”。元代西域回族人来此者甚众，有些人定居，有些人为官……[1]大量的伊斯兰信众涌入，逐渐产生了建造清真寺的想法，便在现在的东塔寺相邻处建起“真教寺”，占地面积18亩。此寺建造时间与杭州凤凰寺、南京净觉寺、扬州仙鹤寺、泉州清净寺大致相当，建筑形制也基本相同，并建有“清真女学”。

早于东栅真教寺修建前，元代时，嘉兴东塔寺就已闻名遐迩，故址在今天嘉兴角里街东塔弄内。东塔，初建于隋仁寿辛酉年（601），是嘉兴境内最早建造的古塔。东塔原为方形木塔，高七层，每层围有木栏。明洪武年间、清乾隆年间先后重修，并改为方形砖塔，形制逊于原塔，但仍不失隋唐建筑风格。据清光绪《嘉兴府志》记载，东塔寺为汉朱买臣故宅，东塔后面有“汉朱买臣墓”。东塔、东塔寺、朱买臣墓为古代嘉兴的著名景点。古代此地向东一马平川，了无遮挡，登塔观日出绝佳，故“东塔朝暾”为“嘉禾八景”之一。东塔寺历经战乱，曾多次被毁。太平天国军队进入嘉兴时，东塔寺被焚。而真教寺也未能幸免，与东塔寺一同被当作异教烧毁。此后回族民众四处逃散，并逐渐在现在的东门大年堂清真寺周围聚集。与此对应的是，1967年，残破的东塔（位于今天东塔弄冶金一村1幢）被拆除，从此

[1] 《嘉兴市志》，嘉兴市志编撰委员会编，中国书籍出版社，1997。

痕迹难觅，而元代真教寺则更成为一种抹不去的历史记忆。在最近完成的由拳路回民墓地迁移过程中，发现大量元明清时期的无名墓，也印证了嘉兴回族在嘉兴甪里街生产、生活的情景。

方志稗史关于古代嘉兴回族和伊斯兰教文化，特别是关于元代东栅甪里街真教寺的记载颇少。窃以为，关于回族历代名人在嘉兴活动的事迹记载，应视作线索。明代著名伊斯兰学者詹应鹏曾任嘉兴知府，他把一些书籍中有关阿拉伯各国的风土人情编载《群书汇辑释疑》，白寿彝作《詹应鹏〈群书汇辑释疑〉跋》，对其有较高评价。明代回族人蒋汝成“凡珍玩，如古铜、古窑、古琴之类，或有破损，经汝成手即完好如初，称一时绝技”。[1]“清咸丰九年（1859）三月，由嘉兴秀水县金传声捐资创建的（开封）文殊寺街清真寺经书义学是河南省内甚至国内最早的（这类）学校。”[2]清末回族书画家金尔珍，精鉴古，工行楷，长国画，他的《仿李长蘅溪山晴霭图》被收入日本《支那名画宝鉴》。金氏清末举家迁上海。其子金颂清民国时在沪开“中国书店”，其孙金祖同通考古、精甲骨，著《殷契遗珠》《龟卜》等，对伊斯兰文化也有研究，作《读伊斯兰书志》，其孙女金德娟善画，郭沫若曾在其画上作“题画诗”，她不忘家乡，1995年向

[1] 光绪《嘉兴府志》卷五十一“嘉兴艺术”。

[2] 张纬：《河南回族教育述略》，载西安伊斯兰文化研究会《工作通讯》1997年第5期。

故里嘉兴清真寺赠画。祖上在嘉兴角里街开“万复”银楼的回族郭氏，家业颇盛，太平天国时举家迁上海松江。（此段历史极为重要，表明两个事实：第一，嘉兴角里街当时很繁华，是嘉兴回族的主要活动地域。第二，举家迁上海的时间为太平天国时期，这就表明清代之前角里街真教寺或许仍然存在这一事实。）郭承勋善书画精篆刻，常与回族画家改七多游，1825年辑《汉铜印选》两册，1832年辑《古铜印选》三册，其子郭子垣亦专印学，1858年刻《养性轩》[1]，其六子郭子庭善画好诗，其孙郭懋仁曾任松江万华银楼经理，曾孙郭墨林精鉴古善丹青，懋仁墨林父子先后被聘为上海文史馆馆员。

作为重大节日的宰牲节，回族群众将牛羊带到清真寺，由阿訇诵经，并由多名壮汉控制牛。此后，多名壮汉控制牛的情况改为由一名武术家来控制，逐渐演变为回族掼牛。而作为回族的重要程式，每逢宰牛宰羊，都要先经清真寺阿訇依照《古兰经》讲经，随后将牛羊带到宰牲处宰杀。[2]当时的宰牲处，就在现在的嘉兴化工厂、嘉兴农药厂位置，也即掼牛原址纪念地场所。到今天，掼牛这一项目由韩海华传承。由于嘉兴市、南湖区历届领导的关注和关怀，掼牛项目得到了健康、可持续的发展。

[1] 韩天衡：《中国印学年表》，上海书画出版社，1987。

[2] 王怀建：《国家级非物质文化遗产“嘉兴掼牛”的传承与发展研究》，载《浙江体育科学》，2011。

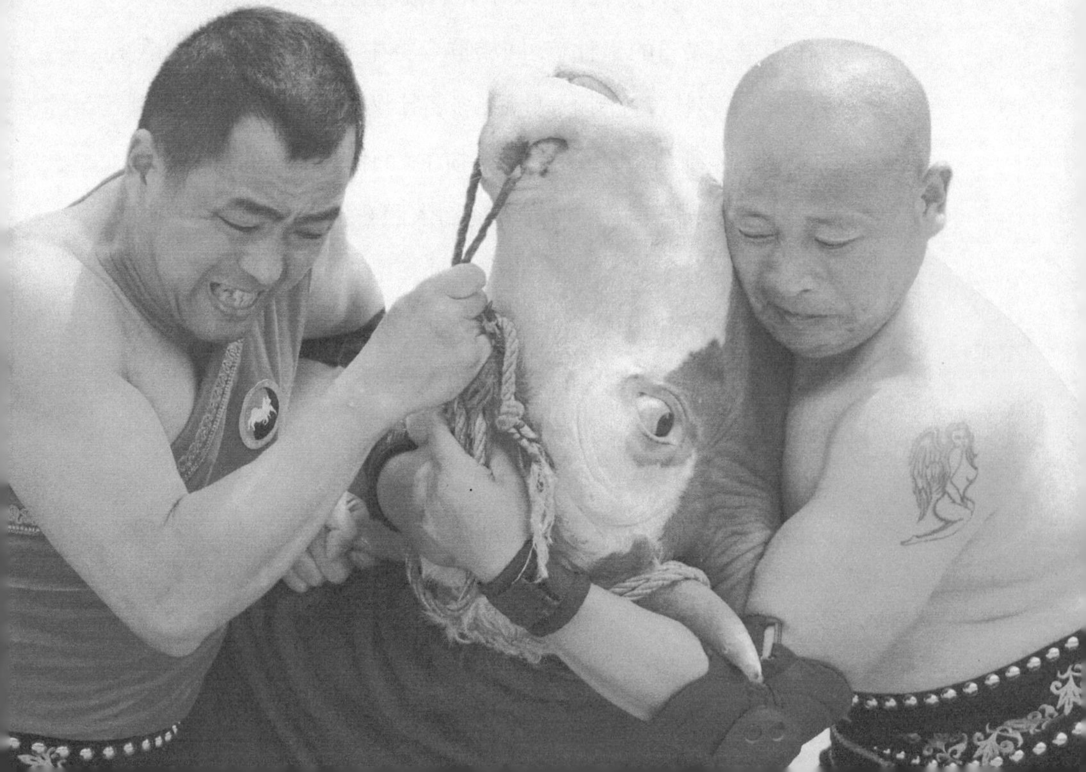

二、嘉兴掼牛的过程与地位

现在的掼牛主要以单人掼牛表演为主。掼牛开始，掼牛士先对牛挑逗，面对犄角似剑的怒牛，不慌不忙，两手紧按向他刺来的双角，寻找机会，用力一甩，将牛头拧向一侧，死死用力按住。一拧一扛一压，就让强壮的公牛摔了个四脚朝天。

二、嘉兴掼牛的过程与地位

[壹]嘉兴掼牛的过程

1. 掼牛的流程

掼牛是嘉兴市回族人民的传统体育项目，是由生产活动（宰牛）逐渐演变而成的。回族宰牲节，包括宰牛，有一套固定的礼仪。一般由阿訇主持完成“宰牲”程序。宰牲时，首先由阿訇手捧《古兰经》主持诵经，完毕后，由几名壮汉将牛掼倒捆住，然后由阿訇主刀

掼牛中的黄牛

掼牛使用的牛

“开宰”。此固定的礼仪程序，得到世界各地的伊斯兰教徒的认可并严格执行。嘉兴回族自然也遵从这一礼仪。

现在的掼牛主要以单人掼牛表演为主。掼牛开始，掼牛士先对牛挑逗，逗得牛眼红尾翘，怒不可遏，在场上横冲直撞，见人就冲。这时，掼牛士面对犄角似剑的怒牛，不慌不忙，两手紧按向他刺来的双角，寻找机会，用力一甩，将牛头拧向一侧，死死用力按住。牛当然也不会服帖，四脚撑开，拼命摆动身体挣扎。掼牛士紧紧抱住牛头，用右肩扛住牛下巴，运足全身力气，猛地大吼一声，使劲把牛脖子一扭，牛顿时失去平衡，“咕咚”一声前腿跪下，掼牛士随即将身子往牛的颈部一压。这一拧一扛一压，就让强壮的公牛摔了个四脚朝天。

为了使掼牛表演更加吸引眼球，韩海华经过多年的摸索和经验积累编排了一整套紧凑而精彩的“中国式斗牛”程序：①牛角吹响开场号；②“挑逗士”牵引牛进场，介绍牛的品种和特点，随后进行挑逗激起牛的兴奋；③主斗和助手上场，合演“排打功”热身；④四

牛童跳牛背

和牛玩耍

飞越牛头

僵持

掼牛士出场

拧牛头

拧牛头

扛牛头

压牛头

牛倒地

面牛皮鼓擂响《壮行曲》，除主斗外其余人员退场；⑤主斗开始表演斗牛，直到把牛按倒在地。

而从2012年起，韩海华每年都会组织举办中国掼牛争霸赛。比

赛的主要流程则是：①掼牛勇士和控牛师牵战牛至比赛场外道口等待；②裁判员鸣多音哨，掼牛勇士迅速跑至围栏外的武功绝技展示台，向裁判、群众行礼后，进行武功绝技展示，时间在1分钟内；③控牛师把牛牵至战牛站位区，掼牛勇士至勇士站位区并向场上裁判、战牛行礼；④裁判员发出“预备，开始”口令，开始比赛；⑤场上裁判员发出“停”的口令，掼牛勇士即刻停止比赛。

2. 掼牛的技巧

回族的掼牛，与西班牙的斗牛不同。掼牛士凭借勇气与力量，赤手空拳与牛搏斗。掼牛士面对的对手是比自己重五六倍的公牛。在掼牛过程中，公牛在摆脱掼牛士的控制时会拼命挥舞犄角，甚至发狂冲撞，具有一定的危险性。因此，掼牛士在掼牛之前还需要练习一套排打功，增强力量，提高肌体的抗击能力。排打功为硬功外壮，属阳刚之劲，用击打的方法使筋肉坚实。排打顺序从手臂、大小腿至胸腹部，击打力量由轻至重。排打功练习完毕后，掼牛士在掼牛过程中能够具有充分的抗击打能力，同时进入冷静的反击状态和树立信心。

待人与牛开始对峙，掼牛士就需要运用武术中灵活的身法，在运动中寻找机会双手擒住牛角，任其上下左右甩动，使牛角每次都甩空，犹如打太极拳一般，叫牛用不上劲，无论怎样挥动牛角，都像打在棉花上一样。待牛“空甩”一阵感觉力乏时，掼牛士猛地把牛头扭

虎摆尾

虎形双把

鸡形摇涮把

龙形起肘

蛇形穿拳

熊形单把

向一侧，用头部、肩部或单臂等身体部位将牛头“别住”。这时已是力与力的较量。掼牛士使用武术的内力，死死别住牛头，并运用摔跤的技巧，巧借牛的力量，迫使公牛移动起来。在公牛抬脚的一瞬间，掼牛士猛烈一叫，一使劲，牛头被拧成了大调角，再任性倔强的公牛也会失去重心，俨然一块巨石坠地，翻个四脚朝天。这一过程中没有什么严格的规则，掼牛士根据自己的体质、技巧和牛的不同性格选择用手臂、肩膀、头部等身体部位与牛角力。

掼牛的技术融合了查拳、心意六合拳、江南船拳、硬气功等多种拳法精华，其动作要点可以归结为“扛”“拧”“压”三个字，这也是整个技术动作的核心。掼牛有四大基本摔法：单臂摔、双臂摔、顶摔、扛摔。

（1）**单臂摔**

掼牛勇士面对牛，右（左）手托住牛的下颚，另一只手抓住牛的一侧犄角，将牛的下颚尽力往上推的同时，顺着用力方向顺势牵拉

单臂摔

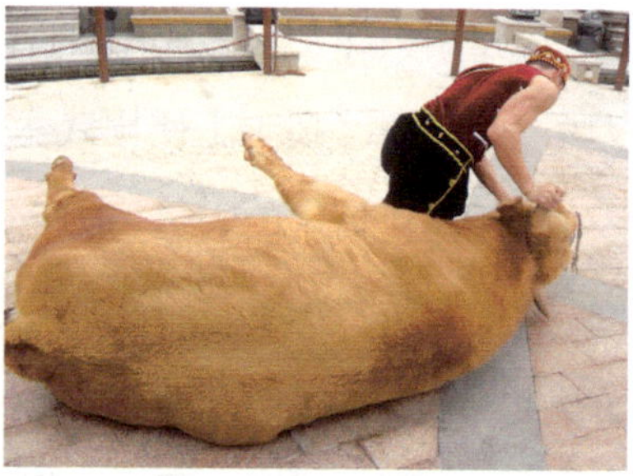

单臂摔

牛角，使牛头上仰并且成扭曲状态，当牛重心不稳时，抓住时机双手合力、顺势上步，利用全身的力量向牛失去重心的方向用力下压使其摔倒。

（2）双臂摔

掼牛勇士面对牛，双手握住牛的双角，用肩顶住牛的下颚，双手下压使牛头上仰，利用脚步移动迫使牛头偏向一侧，使其颈部成扭曲状态，当牛重心不稳时，抓住时机，肩和双手都向牛失去重心的方向用力下压，腰胯用力结合全身力量将牛摔倒。

双臂摔

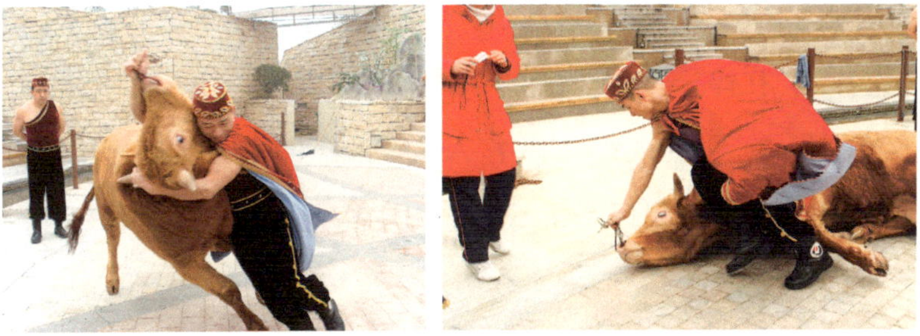

双臂摔

（3）**顶摔**

掼牛勇士面对牛，双手握住牛的双角，用头顶顶住牛的下颚，双手下拉使牛头上仰，利用脚步移动迫使牛头偏向一侧，使其颈部成扭曲状态，当牛重心不稳时，抓住时机肩和双手都向牛失去重心的

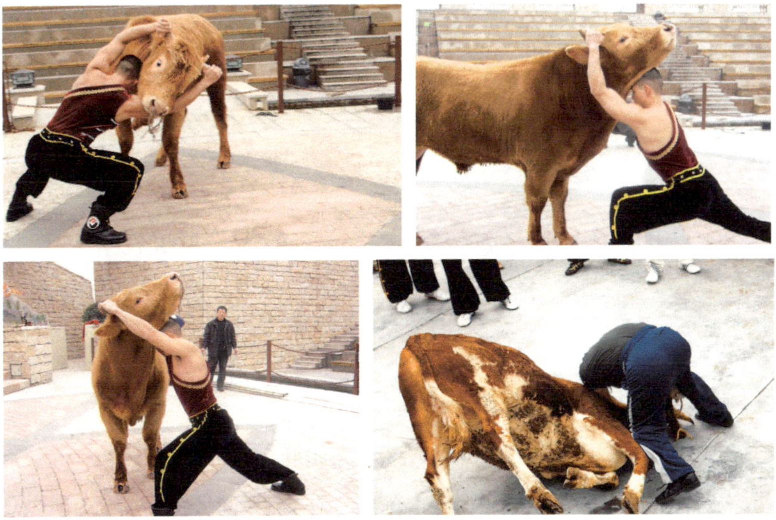

顶摔

方向用力下压，双腿用力蹬地结合全身力量将牛摔倒。

（4）扛摔

掼牛勇士面对或背对牛，潜入牛的脖子下面，用力扛起牛的前腿，将牛的两只前腿扛于肩上，最后用力将牛向侧面摔出，使牛摔倒在地。

扛摔

3. 掼牛勇士的培养机制

掼牛勇士主要从两方面来培养：文化底蕴与运动训练。

首先，掼牛运动作为我国非物质文化遗产，有着悠久的历史；作为回族人民的一项传统体育项目，是回族文化的重要组成部分。不仅要让掼牛士们学会如何掼牛，更应该让他们了解其文化价值和内涵。应加强理论与实践结合的理念，倡导各族人民参与掼牛运动，学习掼牛文化。我国养牛历史悠久，牛文化积淀丰厚。在中国传统文化中，牛从表面上看虽不如龙、虎那么显赫耀眼，却有着十分重要的地位，特别是在农业社会，牛更是受到人们的珍爱，甚至被称作“金牛”。而掼牛运动让我们对牛文化又有了一个新的认识。在中国许多民族的创世神话中，都是牛破开了沉睡的土地，唤醒了生命的种子，沟通了人与天地鬼神的联系。中国民间的牛文化体现了中华民族对生命起源的探索和长生的愿望，因此这种文化应该延续推广下去。

其次是运动训练方面。结合理论知识，斗牛士的早期选育过程中，不要“拔苗助长”，也不要“压苗成长”，应坚持全面身体训练和基本技术并举的原则。要注重训练内容、手段和方法的多样化，特别要注意新老掼牛士在选育过程中的区别对待，要培养掼牛士训练

摔跤训练

杠铃训练

沙袋训练

石担训练

的兴趣，调动掼牛士训练的积极性。注重掼牛士的心理训练，采取科学方法有意识、有目的、有计划地对掼牛士的心理施加影响，培养和提高掼牛士在训练及比赛中所需要的心理素质，从而取得优异成绩。

在训练方面应根据掼牛士的体重、项目所需的武功绝技制订科学的训练计划，进行科学的体能训练、技术训练、战术训练以及心理能力与运动智能训练。日常训练比赛中还要加强掼牛士战术意识的培养，使其能合理地采用体力分配战术、时间战术、心理战术和隐蔽战术。掼牛运动是一项综合性较强的民族传统体育项目，掼牛士不仅要具备武术的功底、摔跤的灵敏性和硬气功的爆发力，还要进行推手的培训，以便在与牛的对弈过程中，运用借力打力的方法达到将牛撂倒的目的。

选材的成功，意味着训练成功的一半，另一半应加强后天的培养，只有系统的高水平的科学训练、科学管理，才能把一名好苗子

掼牛训练

扛

拧

韩海华在指导徒弟压牛头

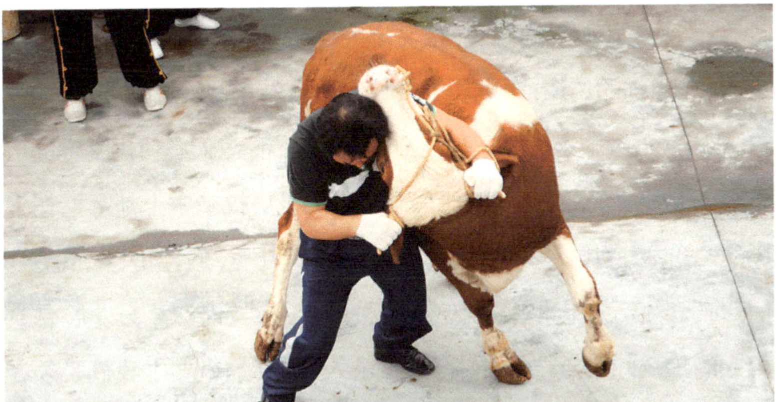
韩海华示范双臂摔

培养成为优秀掼牛士。掼牛勇士的选材是一项比较复杂艰巨的任务，掼牛运动贯穿了武术和摔跤的灵活性与爆发力，因此可以以摔跤和武术的选材为标准，进行掼牛勇士的科学选材。在掼牛士的培养机制方面，可以通过理论结合实际的方式，不仅要使掼牛士了解掼牛文化以及牛文化的底蕴、内涵，还要让其懂得如何进行科学的训练。

[贰]嘉兴掼牛的地位

中国是个历史悠久的文明古国，它历经五千年而不衰，这说明我们的祖先在漫长的历史发展过程中积累了丰富的知识与智慧，拥有高超的技能与技巧。中华民族也正是凭借着这些优秀遗产，战胜重重困难，从远古走到今天。这是一段能给予后人以无限启迪的历史，值得我们认真梳理。传统史学认为，对于历史的认知，只能通过典籍进行。中国历史悠久，仅文字的使用，至少就有近三千年的历史。汗牛充栋的典籍，也确实为我们洞察历史开启了一扇扇大大的窗口。但是，相对于漫长的人类社会发展长河而言，人类使用文字的历史毕竟十分短暂，更何况任何一个时代的录史权基本上都掌握在上层统治阶级手中，录入的多半是帝王史、宫廷史、政治史、经济史，而与民众生活息息相关的传统艺术和文化，与推动社会发展息息相关的传统知识与技能，则很少被录入其中。这就要求我们必须在典籍之外，寻找到更多的渠道，将我们祖先所创造的历史与文化发掘出来。于是，人们想到了考古，想到了对物质文化遗产的保护。而那一座座古城、一幢幢故居也确实为我们了解历史，提供了一个个更为信实、更为直观的历史见证。但是，后来人们发现，只保护好这些历史典籍、古代遗存还不够，因为还有许多古代文明，如古代的音乐、古代的舞蹈、古代的科学技术、传统工艺，并没有被承载或没有被很完全承载到典籍、历史遗存中。于是，人们又想到了非物质文化遗产。1950年，我们的邻国日本首先开始了对本国非物质文化遗产的保护。后来的保护实践已经证明，这一工程的启动对日本人了解自己的历史、继承自己的传统知识与技能，均起到了很好的作用。

嘉兴市国家级非遗项目掼牛授牌仪式

与物质文化遗产不同，非物质文化遗产的历史认识价值不是以物化的、固态的方式，而是以活态的方式告诉我们的。流传至今的土家族的茅古斯，汉族的驱傩仪式、目连剧，瑶族的盘王节，黎族的钻木取火技术等，都是我们了解古代戏曲、古代仪式、古代科学技术等传统文化的重要渠道。没有了这些传承至今的非物质文化遗产，我们所认识的历史肯定是残缺的、不全面的。非物质文化遗产历史价值的再发现，必将为人类认识自己的历史，特别是认识自己的文学艺术史、科学技术史，开辟出一块全新的天地，而且，这价值是许多文字典籍和物质遗存所无法替代的。

1. 历史文化发展性

“掼牛”始于宋元时期，经过几百年的发展演变，逐渐形成具有嘉兴本土特色的传统体育活动。“掼牛”2011年被列入国家级非物质文化遗产名录。

首届“中国掼牛”全国邀请赛以保护传承非物质文化遗产为主题，立足本地优势，弘扬嘉兴地域特色的民族传统体育文化，进行地域体育文化推广、传承和发展。大赛邀请了来自上海、河南、浙江等地高校在内的五个代表队的掼牛高手同台竞技，进行一场全国性特色赛事，以活态形式展现非遗项目。大赛实现了竞技性与传统性有机统一，扩大了武术文化的社会影响力。

首届嘉兴“掼牛”学术研讨会于2012年6月2日下午2：00在沙龙

2012首届“中国掼牛”全国邀请赛

首届嘉兴“掼牛”学术研讨会

国际宾馆召开。研讨会的主题是“寻根溯源，传承发展”。专家学者们围绕国家级非遗项目“掼牛”的活态传承与保护及有效措施，提炼掼牛保护的理论成果，探讨如何提高掼牛运动技巧、怎样完善掼牛比赛规则，探索掼牛创意文化旅游项目的开发。参与本次研讨会的特邀专家有：浙江大学副教授、原浙江省摔跤队教练林达听；浙江省武术协会副主席、中国武术九段陈顺安；中国民族民间体育开发研究会常务副理事长兼秘书长、杭州师范大学教授徐金尧；浙江大学教育学院体育学系教授、博士生导师林小美；苏州大学体育学院体育社会部主任、博士生导师、教授罗时铭；苏州大学体育学院民族传统体育系主任、硕士生导师、副教授张宗豪；中国回族学会常务理事、浙江省政协常委孙玉安；浙江省伊斯兰教协会副会长唐相如；嘉兴学院体军部副主任、教授高军；嘉兴职业技术学院体军艺部副主任、副教授王怀建，讲师张华新；象山县体育局副局长、摔跤国际裁判王增才；嘉兴市武术协会副主席顾新春以及各掼牛参赛代表队领队。会上四位特邀专家作了主题发言，从各方面对掼牛作了深入的探讨和研究。一是杭师大教授徐金尧，其发言题目是《嘉兴掼牛的起源、发展与保护》；二是浙江大学教育学院教授林小美，其发言题目是《吴越文化与“掼牛”文化的融合研究》；三是嘉兴学院体军部教授高军，其发言题目是《嘉兴掼牛文化品牌的创建问题》；四是嘉兴职业技术学院讲师张华新，其发言题目是《掼牛运动发展策略研究》。张华新老师不但是“掼牛”的专家学者，更是一位“掼牛勇士”，还曾代表高校队参加比赛。另外五位专家作了书面发言，还有众多专家进行了总结性发言。中国武术九段、浙江省武术协会副主席陈顺安先生对掼牛的发展方向有着独到的思考，他说：“掼牛技法是由中华武术中的‘擒、拿、摔、打’提炼演变而来，掼牛完全可以作为一项‘测力’手段来检验武术功底和技能，从而纳入国家武术测试系统。同时，由于项目具备健身性、观赏性，趣味性，借助政府、企业和其他社会力量开展丰富多样的观赏表演项目也是非常有必要的。”国家体育总局武术研究院秘书长康戈武教授，首先对

掼牛传承人参加2012宁洽会中阿论坛

掼牛项目的保护发展现状作出了充分肯定，同时对于掼牛的寻根溯源提出新的见解："牛在中国历史上是战神的象征，秦汉间说：'蚩尤耳鬓如剑，头有角，与轩辕斗，以角抵人，人不能向。'可见人与牛斗可以追溯到原始社会的角抵之戏，那也成为摔跤的起源。这样，从大中华历史文明中寻找根基，视野将更为广阔。"国家体育总局武术运动管理中心副主任陈国荣先生，站在大武术观的高度对掼牛未来的发展提出了建设性的意见，他说："与武术一样，掼牛的推广有着自己的道路，掼牛运动应该定位于竞技项目，保护传承的同时要创新发展。充分借鉴武术发展的成功经验对掼牛进行开发。开展形式多样、观赏性强的竞赛，构建公共服务体系。从对牛进行优选品种、训练，对掼牛勇士进行专业培训等方面提升竞赛的标准化和规范化。"

2. 价值包容性

掼牛能够在嘉兴存活发展至今并成为非物质文化遗产得到很好的保护，与当时全国的文化氛围有密切的联系。掼牛的起源是少数民族文化，保护少数民族非物质文化遗产被赋予了特殊的意义。为使各少数民族传统文化得到保护，国家有计划地组织对各少数民族的文化遗产进行搜集、整理、翻译和出版工作，保护少数民族的名胜古迹、珍贵文物和其他重要历史文化遗产。国家成立了全国少数民族古籍整理出版规划小组和办公室，组织和领导全国少数民族古籍整理工作。现在，中国55个少数民族都各自有了一部文字记载的简史。

新中国成立初期，国家对于民族问题就非常重视，少数民族运动会也是在这时候孕育而生的。中国少数民族传统体育运动源于广大少数民族群众的生活，内容丰富，形式多样，历史悠久，特色鲜明，不仅具有高度的技巧性，而且常常伴有歌舞、音乐，如赛马、射箭、马上游戏“叼羊”、摔跤、荡秋千、跳板、赛龙舟、登山等。中国各少数民族自治地方都建立了体育工作机构，积极培养少数民族体育人才，开展民族传统体育和现代体育活动，提高少数民族的健康水平。现已挖掘、搜集、整理出少数民族传统体育项目290多个。1953年，在天津举办了全国首次民族传统体育表演及竞赛大会，即第一届全国少数民族传统体育运动会。1982年后，中国每四年举办一次全国少数民族传统体育运动会。第六届全国少数民族传统体育运动会于1999年在北京举行，同时在西藏自治区首府拉萨设立分赛场。全国已有25个省、自治区、直辖市每四年举办一次少数民族传统体育运动会。而掼牛，则是其中很重要的一项运动。

三、嘉兴掼牛的传承

据《嘉兴市志》及嘉兴回族老人李青山叙述，『嘉兴掼牛』作为宗教仪礼发展演变已有四百多年历史，并传承至今。嘉兴掼牛的省级代表性传承人韩海华，一辈子与武术密不可分。掼牛能够有今天的传承，凭借的是他对武学、对掼牛的执着。

三、嘉兴掼牛的传承

自元代以来，一直有回族民众在嘉兴定居并繁衍生息。据《嘉兴市志》及嘉兴回族老人李青山叙述，“嘉兴掼牛”作为宗教仪礼发展演变已有四百多年历史，并传承至今。

韩海华传承的“嘉兴掼牛”师承谱系应为：

（1）买金魁（1879—1943年）——李尊思——韩海华——韩荣荣、甘岗、王助径、韩志超、韩乾等。

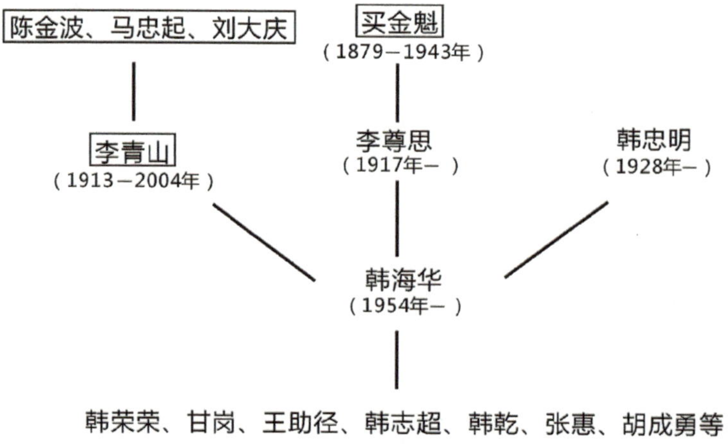

掼牛传承谱系

（2）陈金波、马忠起、刘大庆——李青山（1913—2004年）——韩海华——韩荣荣、甘岗、王助径、韩志超、韩乾等。

（3）韩忠明——韩海华——韩荣荣、甘岗、张惠、韩志超、胡成勇等。

[壹]代表性传承人

1. 代表性传承人韩海华

嘉兴掼牛的省级代表性传承人韩海华，一辈子与武术密不可分。掼牛能够有今天的传承，凭借的是他对武学、对掼牛的执着。他武功高强，技术精湛。曾于1990年获浙江省第二届少数民族传统体育运动会群众体育先进个人称号；2005年12月被《浙江省体育人物

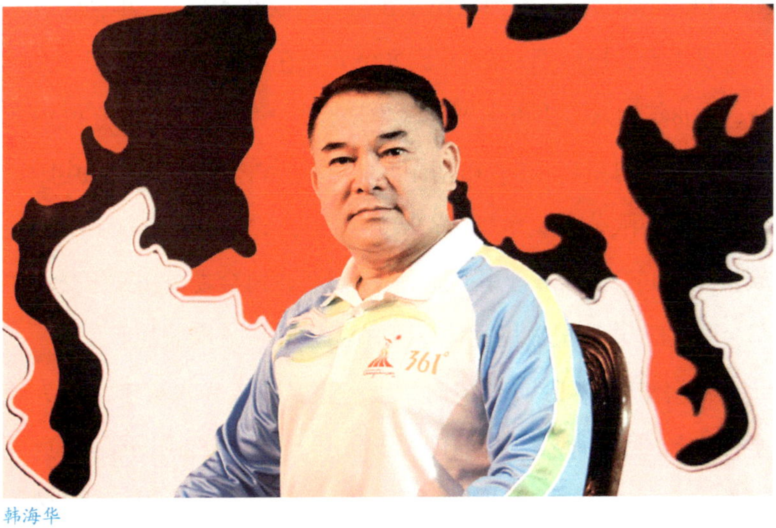

韩海华

名录》收录为“知名人物”；2007年勇夺香港国际武术大奖赛“九环刀”金牌；2008年获得“嘉兴市民间艺术家”称号和由浙江省武术协会颁发的“武术运动突出贡献奖”及“最佳教练员”称号；2009年获得香港国际传统武术比赛组委会颁发的“最佳教练员”“最佳运动队”称号；曾被浙江省武术协会评为2007—2010年度浙江省武术先进个人，2012年、2013年浙江省社会武术工作先进个人；被嘉兴市南湖区政府评为2010年度、2011年度、2012年度文化创新先进个人；被嘉兴市委、市政府评为2012年嘉兴市文化工作先进个人；2012年获南湖区优秀文化人才奖；2013年被浙江省委宣传部、浙江省文化厅、浙江省文联评为第二批浙江省优秀民间文艺人才。

1954年7月25日，韩海华出生在嘉兴回族武术世家。年轻的时候去过嘉兴冶金机械厂，1991年到2008年又在嘉兴南湖革命纪念馆工作，2008年加入嘉兴市南湖区武术协会，一直到今天。现在韩海华是嘉兴市政协委员、嘉兴市南湖区武术协会主席、嘉兴南湖中国式斗牛发展有限公司董事长、嘉兴市海华武术馆馆长、浙江省少数民族企业家联谊会常务理事、浙江省伊斯兰教协会委员和文化交流委员会副主任、中国民族民间体育研究会理事，一人身兼数职。

韩海华七岁习武，九岁时拜上海著名回族武术家李尊思为师学习武艺，后又师从大红拳传人王亮臣、大刀李青山，练习心意六合拳、查拳、摔跤、斗牛等各式回族传统武艺。由于从小勤学苦练，

韩海华和李青山

二十岁时，韩海华膀粗腰圆，力大无比，在嘉兴回族习武众人中脱颖而出。他不仅勤练“掼牛”绝技，而且在该项目上尝试表演创新。他在传统的表演外，增加了掼牛前先走鸡步、虎步、龙步等，模仿十种动物的形态，之后掼牛士排打热身，对牛进行挑逗等环节，将牛逗怒，在牛追逐掼牛士的过程中将牛摔倒，不仅增加了掼牛难度和惊险性，而且观赏性更强。同时，掼牛背景音乐的运用、掼牛士民族服饰的设计制作，使得该项目文化底蕴深厚，观赏性强，可与西班牙斗牛媲美。

20世纪80年代起，韩海华参与三十余部电影、电视剧的拍摄，

年轻时的韩海华练习大刀

并担任主要演员、武打设计。多次参加全运会及全国少数民族运动会，屡获殊荣。培养弟子数百人，其中“风、雨、雷、电”和“江、河、湖、海”是全国赫赫有名的八大掼牛高手。近年来，韩海华潜心钻研各派武学样式，探索当代武术潮流。在师傅李尊思和父亲韩忠明的指导下，独创符合现代武术价值观的武学之路。通过武术与文化产业的结合，推动和扩大了非遗武术文化的影响力。

1982年，在第二届全国少数民族运动会上，韩海华首次以“斗牛”的名义，将由我国回族宰牲节衍生出来的传统体育绝技“掼牛”展现给大众，并在第三届、第四届全国民运会上再度表演“掼牛”，屡获金牌等奖项。当时的中央领导乌兰夫、万里等盛赞韩海华的绝技，赞誉他为“中国式斗牛士”，就此确立了韩海华“中国式斗牛”第一人的地位。各级新闻媒体作了大量报道。“中国式斗牛”“排打功”“疯魔铲”“醉八仙”等项目，被中央新闻电影制片

韩海华带领学生参加省武术比赛

韩海华表演硬气功

韩海华与疯魔铲

厂《民族体育盛会》《民族体育集锦》《中国硬气功》等纪录片收录。1982年人民体育出版社出版、李梦华任主编的《体育历史知识丛书》，收录回族民间体育“掼牛”，描述了韩海华“中国式斗牛”场景，并说明了其传承关系。

韩海华不仅武术技艺精湛，而且乐于授徒。至今，他在嘉兴六所小学、两所中学、两所大学、两支部队教习过南湖船拳，学员超过万人。

2003年至今，韩海华多次率弟子参加国际、国内各类大型比赛，共取得过二百八十多枚金牌。2006年，作为嘉兴市民间艺术的友好使者，参加嘉兴市人民政府武术代表团出访了韩国，并担任副团长。2009年3月4日，在香港九龙湾国际展贸中心举办的2009年第四届香港国际武术比赛暨国际健身气功展示会上，韩海华率领的江南武侠武术团名扬香江，共拿到四十九枚奖牌。比赛结束后，新派武侠小说家金庸先生特别会见了来自家乡的“武林人士”，对家乡的武术发展表示肯定和赞赏，得知韩海华希望在嘉兴专门建立一个掼牛馆后，欣然为中国掼牛馆题名，希望这项绝技更加精益求精、发扬光大。

韩海华的武术团队还多次与新西兰进行文化交流活动。2010年9月，在新西兰亚太文化交流中心和新西兰嘉兴联谊会的引荐下，正在上海参加世博会表演的新西兰瓦卡回亚毛利艺术团受邀来嘉兴南湖与韩海华的江南武魂艺术团交流演出，双方还签订了文化交流协议。2011年2月，韩海华率领江南武魂艺术团出访新西兰，举办“中国南湖儿女献爱心赈灾义演”，在当地引起轰动。2013年3月，韩海华再次受邀率江南武魂艺术团出访新西兰，并开设了新西兰海华武术馆。2013年9月，新西兰曼奴考英格兰警察风笛乐团来嘉兴与

韩海华赴新西兰演出

韩海华跟随武术团出访韩国

韩海华的江南武魂艺术团同台表演。2014年2月，新西兰毛利事务部部长皮塔·沙普尔斯博士率新西兰毛利部代表团访问中国，就双方艺术家共同打造反映两国血浓于水的渊源关系，汇集两国最好的本土文化遗产及艺术表现力的大型舞台剧《碧鸟归心》进行探讨，签订了合作备忘录。

现在韩海华任嘉兴市南湖区武术协会主席、中国功勋C级武术教练、中国武术六段、浙江省武术协会考评专家组成员、嘉兴市武协专家组组长。在出演的电影《少林俗家弟子》中，韩海华首次将掼牛融进影片，让大众见识了“人与牛斗”的壮观场面。此后在《大凉山传奇》等多部影视剧中，掼牛屡屡亮相。中央新闻电影纪录片、海内外媒体宣传，使韩海华及“掼牛”社会知名度日增。2007年，在党委、政府的重视下，韩海华重新召回入室弟子，开始恢复掼牛基础训练。2007年年底，掼牛重新回到大众的视野中，并得到进一步的重视和扶持。目前韩海华已组建嘉兴南湖中国式斗牛发展有限公司和江南武魂艺术团，力图以市场化运作模式，在更好传承的基础上，使这一群众喜闻乐见、兼具观赏性和娱乐性的非物质文化遗产传统体育项目进一步发扬光大。江南武魂艺术团以非物质文化遗产名录项目为元素，创编舞台剧，并在嘉兴及上海周边地区演出。在嘉兴“七一广场”水幕电影、省运会闭幕式、上海世博会城市文化广场“周周演”等重大场合屡屡亮相。“掼牛”节目被中央电视台选中，多次派人前来拍摄。

2. 韩海华的掼牛之路

1982年9月3日，韩海华在内蒙古呼和浩特举行的第二届全国少数民族传统体育运动会上第一次正式表演“嘉兴掼牛”，观摩民运会的时任国务院副总理万里称赞“这个项目具有中国传统民间特色，不愧为‘中国式斗牛’”。到2008年、2009年掼牛相继被列为嘉兴市、浙江省非物质文化遗产，并正式申报国家级非物质文化遗产，至此，嘉兴市民间艺术家、掼牛技艺传承人韩海华为此项目的发扬光大呕心沥血了近三十年。从1982年获得“中国式斗牛第一人”称谓，到2009年3月金庸先生题词“中国式斗牛士”，经过韩海华的传

承与发展，“掼牛”项目已演变确立为“嘉兴掼牛”。为了使该项目更具观赏性，在多年的摸索和积累过程中，韩海华编排了一整套紧凑而精彩的“中国式斗牛”程序：牛角吹响开场号；“挑逗士”牵牛进场介绍牛的品种和特点，然后进行各种吸人眼球的表演，激起牛的兴奋；随着激奋的背景音乐响起，身着鲜艳民族服饰的斗牛士和助手上场，合演过排打功热身，在四面牛皮鼓擂响的《壮行曲》中，助手接过主斗的斗篷后退场，主斗开始表演斗牛，上演一串串激烈、勇敢的动作，直至把牛按倒在地。

面对掼牛的未来发展和传承，韩海华等人作了巨大的努力。从活动形成规模到申报非物质文化遗产，掼牛也走过了一段漫长的路。申遗，现在看来或许并不是难事，但对于当时一无所知的韩海华来说，却也并不那么简单。中国是一个多民族的国家，悠久的历史和灿烂的古代文明为中华民族留下了极其丰富的文化遗产。我国政府历来高度重视文化遗产保护工作，当前，随着经济的全球化和社会的现代化，我国文化遗产生存环境渐趋恶化，保护现状堪忧。为进一步加强我国文化遗产保护，继承和弘扬中华民族优秀传统文化，推进社会主义先进文化建设，国务院决定从2006年起，每年六月的第二个星期六为我国的“文化遗产日”。随着文化遗产日的确定，国家对于非物质文化的挖掘和传承工作紧锣密鼓地展开了。在2007年的时候韩海华得到了这个消息。

“其实从2006年后，好多师兄弟、徒弟就开始练习，将原先丢弃的武功重新拾起来了，掼牛也是我们其中一个项目。这时候我正好听说了申遗的事情。”韩海华说申遗的事首先要感谢一个人。上海国际救援中心的高局长有一次来嘉兴，听说了韩海华的掼牛之后就告诉他，这个项目可以申报世界非物质文化遗产项目。“听到这样的话，我吓蒙了。‘世界’在我的脑海里是一个很大的概念。”随后，韩海华将资料交给了这位高局长，开始等消息。在等消息的同时，韩海华又找到了当时的嘉兴市民族宗教事务局局长陈振华，说明了此事，陈振华听后也对掼牛表现出了莫大的兴趣。后来，韩海华又陆续拜访了市政协副主席金锦根、文化局副局长于霞芬，他们都很支持韩海华申报掼牛为非物质文化遗产。而至于申报教科文组织人类非物质文化遗产名录，他们表示，要一级级上报，故而韩海华又将资料从高局长处拿回来，在嘉兴市进行申报。

除了正常的程序外，嘉兴掼牛的申报还有一个小小的插曲，那就是申遗的名称。起先，韩海华想用“中国式斗牛”作为名称，但这一名字遭到了当时主管非物质文化遗产申请的负责人的否决。“因为早在1982年，在第二届少数民族运动会上，国务院副总理万里就曾称掼牛为‘中国式斗牛’，故而我想用此名字作为申遗名字。但文化局领导认为，‘中国式’这名字感觉有点洋味，既然是我们中国的非物质文化遗产项目，就应该是中国本土的，后来我便改为‘嘉兴

掼牛’。”“嘉兴掼牛”的名字一定下来，我们便一级级往上报，省里的批准也很快下来了，直到2011年国家非物质文化遗产小组通过了嘉兴掼牛的申请，并将名称“嘉兴掼牛”改为了“掼牛”。

掼牛进入第三批国家级非物质文化遗产名录的消息一下来，掼牛也被更多的人所知。2012年至2015年，韩海华连续四年在古尔邦节举办金秋掼牛汇，逐渐恢复在回族宰牲节仪礼上的掼牛活动。与此同时，韩海华也开始召集全国各地的掼牛勇士参加到该活动中来。通过举办嘉兴掼牛大赛，让更多的人了解嘉兴掼牛，传播民族文化。现已举办了五届掼牛大赛。现在的掼牛大赛已有来自浙江、上

2014年第三届中国掼牛学术、技术研讨会

海、北京、山东、青海、宁夏、云南、黑龙江等十余个省（直辖市、自治区）的近百名掼牛勇士参加。2012年6月，举办首届中国掼牛全国邀请赛，邀请全国五支掼牛队参加，并获得巨大成功，得到业内人士和专家学者的高度赞扬。2012年6月12日，由文化部主办的中国非物质文化遗产保护系列讲座之《武术非物质文化遗产保护与研究现状》讲座上，国家体育总局武术研究院秘书长、武术运动管理中心专家委员会执行专家康戈武教授提出，掼牛本身承载着深厚的中华传统文化内涵，具备申报联合国非物质文化遗产项目的条件。

为传承和发扬国家级非物质文化遗产项目“掼牛”，这一路，韩

武林泰斗蔡龙云，中国武术九段虞定海、王培昆、陈顺安出席中国掼牛联盟成立仪式（2014年12月）

掼牛非遗传承教学基地签约仪式

海华作了很多努力。2008年至今，他参加各类公益性活动表演掼牛、南湖船拳有数百场之多。2009年、2010年他受邀在宁夏大学、杭州师范大学作“掼牛”专题报告。2009年至今，相继接受《一年又一年》《乡约》《讲述》《乡村大世界》《探索与发现》《文明密码》《体育人间》《话说钱塘江》等栏目的十余次掼牛专题节目采访录制。

2015年9月25日，在中国孔子基金会的推动下，全国首家以武学文化传播为主题的孔子学堂在嘉兴市海华武术馆授牌成立。嘉兴孔子学堂致力于展示和推广中华优秀文化，充分挖掘孔子武学思想，积极引入孔子武学元素，倡导在文武之道中找回中华精神。掼牛、船拳和古代武状元必考项目舞样刀、举石锁、开硬弓等作为特色教

央视《一年又一年》栏目拍摄掼牛

韩海华给新西兰客人讲解掼牛

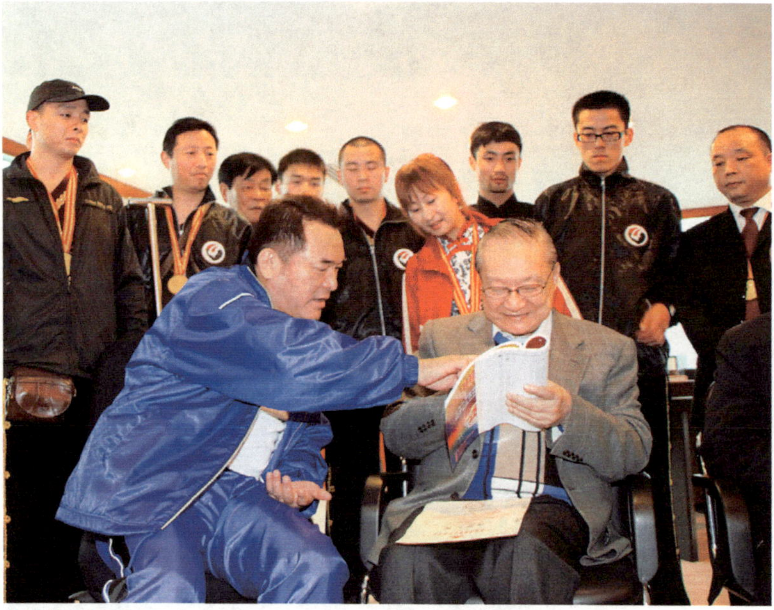

韩海华与金庸先生

学内容被引入嘉兴孔子学堂。学堂不定期开展“公益大讲堂”及“讲武堂”课程，传承非物质文化遗产精髓。

2016年3月，浙江乌镇东方斗牛园项目的落地协议在乌镇国际旅游区建设管理委员会正式签订，项目正式启动并进入开发建设阶段。东方斗牛园占地面积183.62亩，总投资1.5亿元。项目将围绕东方斗牛文化主题，以水为脉，重点打造成集武术文化、掼牛表演、乡村体验、高端度假等专业化和多样化配套服务于一体的旅游综合体项目。

掼牛传承进校园

3. 四大高徒：风雨雷电

从只有几名掼牛勇士，到如今海华武馆已经成为嘉兴乃至全国一家知名武馆，掼牛更是申遗成功成了全国非物质文化遗产。据韩海华介绍，如今海华武馆已经有包括“风雨雷电”“江河湖海”等十几名掼牛勇士，加上韩海华外面的二十多名徒弟，现在嘉兴市大约有四十名掼牛勇士。随着掼牛知名度的扩大，掼牛的表演越来越多，但掼牛的专场表演开展起来却比较困难。掼牛专场表演需要看牛的状态，还需要有专门的场地。而嘉兴市政府、南湖区政府对于掼牛的支持力度在逐渐加大，每年包括大型表演在内，安排了十多场掼牛表演。

韩海华与徒弟们

风、雨、雷、电和江、河、湖、海八大掼牛高手

四大掼牛士是韩海华的四位得意高徒，每一位都是跟随其学艺多年，个个身怀绝技。不单武艺超群，掼牛技术也十分精湛。他们以“风、雨、雷、电”命名并展现各自的特点，分别是“擒风手”甘岗、“烟雨隐侠”胡成勇、“震雷斗士”张惠、“闪电客”莫能军。

（1）“擒风手”甘岗

风之疾，迅无影，能擒住风的人身手定然不凡。这位勇士就是身手敏捷的四大掼牛士之首——擒风手甘岗。甘岗是韩海华的弟子，今年四十七岁，追随师傅习武三十余年。从小学习掼牛绝技，以身法灵活、经验丰富著称。早在1991年广州中华百绝博览会中就勇掼千斤壮牛，初露锋芒。如今，只要是场上碰到最凶猛最倔强的公牛，定由

“擒风手”甘岗

甘岗挑大梁，斗勇斗谋智擒公牛。

甘岗1970年出生于嘉兴，20世纪80年代末进入少体校学习摔跤、柔道、武术，而后担任教练。90年代初担任柔道队教练，1991年参加广州中华百绝博览会，首次掼牛并获得金奖。同年担任首届嘉兴市保安公司武术教练。曾参加省市摔跤、武术比赛，多次获奖。参加多部影视武打剧的拍摄。2006年起，与韩海华一起出访韩国，2008年协助师傅成立嘉兴南湖区武术协会。2009年3月参加香港国际武术比赛，获得个人全能第三名，并得到金庸先生接见，被赞誉为江南武侠。2011年担任嘉兴市海华武术馆总教练，参加第一至四届中国掼牛争霸赛。2013年4月，赴贵州凯里参加湖南卫视《谁与争锋》拍摄，挑战连胜三年的牛王并成功将其掼倒。在2014年获得掼牛争霸赛总冠军（王中王）。

（2）“烟雨隐侠”胡成勇

江南烟雨，如梦似幻，带着些许神秘。这位有着诗一般别号的大侠名叫胡成勇，人称“烟雨隐侠”。胡成勇为人低调沉稳，膀粗腰圆，力大无穷，杠铃、石担功夫了得，擅以力量取胜。掼牛场上话不多，但能力拔千钧，掼倒重达千斤的公牛。

胡成勇1972年出生于安徽巢湖。1988年随父到嘉兴，拜韩海华为师，学习摔跤武术。1990年进入少体校学习柔道，1994年随师傅开办伊斯兰花园饭店，边工作边习武。2008年海华武馆成立，担任

“烟雨隐侠”胡成勇

教练。参加浙江国际武术比赛、香港国际武术比赛，获心意六合拳、大刀项目金牌。获2013年第二届掼牛大赛重量级冠军。

(3) **“震雷斗士”张惠**

春雷乍动，雷动于九天之上。这位威风凛凛的勇士就是被称作“震雷斗士”的张惠。自幼跟随师傅学习查拳、心意六合拳。其特点是具有大将风范，威震八方。尤其发力时一声震耳怒吼足以威慑蛮牛并将其一举制服。

张惠1977年出生于嘉兴。1991年拜韩海华为师学习武术。2007年参加上海国际武术比赛，获心意六合拳一等奖。2010年参加浙江国际武术比赛，获双钩金奖。2011年赴新西兰文化交流，并进行武

“震雷斗士”张惠

术展演。2012年参加香港国际武术比赛获大刀、九环刀金奖，并获金庸先生接见。2014年参加第三届全国掼牛大赛获重量级冠军。

（4）“闪电客”莫能军

飞光电闪，疾影如箭。这位侠客就是因行动迅猛、眼疾手快被冠以“闪电客”称号的掼牛勇士莫能军。别看他身材瘦小，却具有极强的爆发力，特别善于一招制胜。

“闪电客”莫能军

掼牛时常以迅雷不及掩耳之势使牛倒地。

莫能军1978年出生于嘉兴，2006年拜韩海华为师，参加香港国际武术比赛，获狼牙棒、弥陀屠刀金奖，并受金庸先生接见留影。2010年参与央视七套《人牛大战》专题片拍摄。2012年参加首届全国掼牛大赛获个人全能冠军（王中王）。

[贰]掼牛品牌的树立与扩展

1. 掼牛品牌的树立

从1982年开始，掼牛就成了媒体的宠儿。韩海华回忆，当时第二届少数民族传统体育运动会举行之后，领导、观众的反响特别好，“媒体反响特别大，1982年在内蒙古的那段时间，记者采访多得不得了，要提前申请开记者招待会，三四十名记者，像新闻发布会一样。”那时候媒体的争相采访让韩海华萌生了很多想法。“我想和西班牙斗牛媲美，我想要打造一个中国斗牛品牌，那时候就萌生了这个想法。”香港《民报》早在20世纪80年代就已经对掼牛进行过报道，在1983年的时候就有香港导演请韩海华拍电影。

一直忙于影视的韩海华其实并没有忘记掼牛，没有忘记当初在少数民族运动会上的梦想。据韩海华回忆，早在1989年他就向政府提过这个项目的诸多好处。“1989年的时候，我就向当时嘉兴市委书记庄洪泽、市长周洪昌、两个秘书长和我们政协委员提出对这项目要支持。当时外面是铺天盖地的报纸，标题都是嘉兴韩海华、嘉兴

掼牛，都是嘉兴。”那时候身怀绝技的李青山老师也已经七十多岁了，韩海华的内心很着急，李青山这样的武林瑰宝正面临后继无人的危险，然而当时韩海华的提议并没有得到大力支持。

“鲁迅先生说他自己好像一头牛，吃的是草，挤出来的是奶、血，但那时候我连草都没有，挤出来的却是血。当时我们自备兵器，自己找牛训练。当时是非常想得到支持，但做不到。直到2006年……”2006年非物质文化遗产得到关注了，韩海华借此机会积极申报。2008年得到了南湖区区委书记魏建明的支持，有了现在的场馆。2009年，韩海华带着自己的武术队去香港比赛，巧遇金庸先生并获先生墨宝：“中国斗牛馆”。因为20世纪80年代关于韩海华掼牛的报道铺天盖地，所以金庸先生对掼牛早就有所了解，这极大地鼓舞了韩海华。

2008年，韩海华成立了武馆。同年3月6日，韩海华就在香港获得了很多金牌，武馆的知名度更是飙升。掼牛还差点登上了2010年“春晚”的舞台，最后在年三十傍晚5点钟的时候播了12分钟的掼牛专题，反响很大。那时候的韩海华就想将掼牛做成一个体育项目。随后他开始制定比赛规则。2012年，经过韩海华的多方努力，政府对于掼牛项目也越来越重视，掼牛大赛终于开赛了。2009年以后，媒体对掼牛的关注度又开始慢慢提高。2009年，央视十套《探索与发现》就来采访过掼牛。之后，掼牛的品牌开始树立起来了。

2012年首届“中国掼牛”全国邀请赛

掼牛比赛有独立的比赛场地，位于嘉兴市南湖区凌公塘公园内下沉式广场，2012年至2016年总共举办了五届。这五届比赛，得到了全国人民的关注。全国各地的记者、嘉兴本地的记者都争相采访。现在，政府各界对于掼牛的支持和重视日益上升。

此外，“掼牛”的国家级非物质文化遗产申报工作建立在南湖区武术协会成立基础上，同期在南湖区委、区政府的重视和支持下，成立了嘉兴南湖中国式斗牛发展有限公司，通过商业模式的运作，对嘉兴掼牛进行开发，使其快速发展。近些年，掼牛团队机构与人员逐渐扩充，已经与国内知名院校苏州大学、杭州师范大学等，以及当地嘉兴职业技术学院等高校联合开发“掼牛”文化体育

品牌，成立了嘉兴掼牛文化创意研发基地，定期邀请相关专家、学者进行掼牛文化研讨，并对掼牛运动的历史演变、民族文化价值进行研究，对嘉兴掼牛基本技术、表演艺术、比赛形式的理论与方法进行探讨，对如何将嘉兴掼牛这一民族体育项目资源转化为体育文化休闲旅游产业资源的途径进行深入探索。通过基地成

2014年第三届掼牛争霸赛上的掼牛表演

2015年第四届掼牛争霸赛预赛现场

参加第四届掼牛争霸赛的外籍选手凯文

甘岗在第二届掼牛争霸赛开幕式上表演掼牛

员的共同努力，于2014年6月举办了首届“掼牛”全国邀请赛暨文化节，不仅解决了掼牛勇士的经济与就业问题，而且进一步丰富了嘉兴民众的文化娱乐生活。

如今的掼牛，更是顺应时代潮流，结合了习近平总书记倡导的牛精神。“中国人就是在飞速发展的经济中丢失掉了很多品格。牛，五千年来一直是劳动人民的好朋友，它坚韧、勤劳、脚踏实地。之所以如今再提牛精神，就是希望国人都能找回这样的品格。所以新时代的掼牛，更丰富更立体。”

2. 掼牛品牌的扩展

以国家级非物质文化遗产——“掼牛”为主吸引点，展示中华武学精粹，形成以竞技表演、快乐观赏、休闲旅游、身心体验、文化教育、餐饮购物为一体的大型“掼牛体育文化休闲旅游乐园”，这样一项浩大的工程正在筹划准备之中。研发基地以牛文化为主题，自然景观与现代科技、旅游观光与养生度假相结合，建立展示古老农耕文化、稻作文化的现代综合大型文化生态观光度假旅游区。通过“牛海湾”生态文化旅游基地的成功运作，一则可以带动嘉兴演艺、餐饮、购物、养生、度假、旅游等产业链全面发展，带动周边区域经济全面发展，二则可以保护掼牛的活态发展环境，三则可以开发低碳产业试验园区，形成国内首家第三产业旅游业节能减排开发试点。在基地里设养牛区、掼牛演绎中心、牛文化展览馆、牛文化品牌概念主题餐厅、掼牛武术训练馆、牛文化商品购物中心、沼气发电景区试验点等，在推广牛文化的同时，刺激旅游和消费，增加经济收益。

以国家级非物质文化遗产项目为依托，建立产、学、研三位一体化研发基地，着力打造“掼牛”文化体育品牌影响力，通过发展第三产业增加城市就业岗位，缓解城市就业压力；通过“掼牛”文化品牌创意创新研发，创设城市文化品牌服务站点，将文化与经济、政治整合，多途径拉动城市经济增长。

掼牛融合了丰富的民族文化，为促进我国民族团结添砖加瓦。我国是由五十六个民族共同组成的大家庭，每个民族都有自己独特

央视著名主持人肖东坡采访韩海华及风、雨、雷、电四大弟子

的文化，丰富的民族文化是各族人民共同的财富。嘉兴掼牛的雏形是回族同胞在欢庆宰牲节这一传统节日上的“摔牛”活动，具有鲜明的民族特点，在千百年的演绎中逐渐获得各民族同胞的认可，作为一种文化现象传承下来。它不仅是回族的传统体育项目，更在嘉兴这块具有江南文化特色的地域上逐渐发展成熟，融入了很多优秀的汉族文化，这是回汉两族团结共融、和谐相处的象征。

掼牛将血腥的杀戮变成了文明的角逐。西班牙斗牛有着享誉世界的文化品牌效应，但嘉兴掼牛不同于西班牙斗牛。“掼牛”是以牛的倒地为评价标准的运动项目，其公平性体现在人与牛的平等地位，亦即掼牛勇士可以获胜，牛亦可以获胜，在规定时间内牛不倒地，则为牛胜，掼牛勇士必须向牛行礼，这极大地体现了对牛的尊重，将牛作为竞技对手看待。在整个掼牛表演过程中，不会对牛造成伤害，犹如其他竞技项目一样，给观众呈现的只是人、牛竞技的过程。“中国式斗牛”，目的不在杀牛，而在取胜，以武止蛮。这充分体现出人与动物的和谐相处。

掼牛运动在发展过程中，不断融入多元文化，有民族性的、地域性的，同时积极参与国际间交流与合作。如掼牛勇士服饰着装既有回族服饰特点，又有中国武术文化魅力；掼牛勇士未将牛掼倒，必须给牛披上披风、行礼，凸显了人的豁达与坦然、敢于认输的态度；人牛竞技过程，场面惊险、趣味百出，让观众大饱眼福，尽情地享受整个竞技过程。同时，掼牛作为兼具观赏价值、文化价值的传统项目，蕴含着巨大的经济开发价值，以市场化的方式推进嘉兴掼牛的发展，通过体育旅游项目的开发带动相关产业的发展，既可以为嘉兴打造一个响当当的文化体育品牌，又可以促进城市经济的发展，创造劳动就业机会，提高城市民众幸福指数。

四、嘉兴掼牛的现状与保护

如今的掼牛活动主要运用于各大时节的演出，以及一些必要的文化参演。从2012年开始，海华武馆每年举办一次『掼牛争霸赛』，到2016年已经如期举行了五届，得到全国乃至全世界的广泛关注。

四、嘉兴掼牛的现状与保护

[壹]嘉兴掼牛的现状

如今的掼牛活动主要运用于各大时节的演出，以及一些必要的文化参演。从2012年开始，海华武馆每年举办一次“掼牛争霸赛”，到2016年已经如期举行了五届，得到全国乃至全世界的广泛关注。

海华武馆位于嘉兴市南湖区青龙街，共有八间房屋。韩海华大约拥有弟子四十名，少数女徒弟，其中“风雨雷电、江河湖海”较有名气。在南湖区凌公塘公园内，建有一座下沉式广场，作为专门的掼

嘉兴掼牛演出场地

嘉兴掼牛演出场地

牛广场。2012年到2016年的五届掼牛争霸赛就是在这里举行的。

短短七八年时间，掼牛从原来的默默无闻到如今的名声大噪，海华武馆也从无到有，发扬光大。

1. 武术协会、海华武馆的成立

2008年12月6日，南湖区武术协会成立。2009年4月17日，嘉兴南湖中国式斗牛发展有限公司成立，这也为掼牛的发展奠定了坚实的经济基础。2011年12月9日，南湖区武术协会成立三周年，海华武馆正式开馆。

到2015年，海华武馆已经成为嘉兴市乃至全国比较有名的武馆了。海华武馆正门面临嘉兴春波坊，门头朝东，门口两只大石狮子威武雄壮。走进大门，武术用的大刀摆得整整齐齐。墙边的两排柜子

海华武馆成立揭幕

塞得满满当当，都是历年来海华武馆获得的大小荣誉。

2. 媒体的广泛关注

嘉兴掼牛这一项目从申遗成功后就得到了全国的关注，以它深厚的文化底蕴受到中央电视台的特别青睐，央视一套《一年又一年》《话说钱塘江》，央视十套《百科探秘》《讲述》，央视七套《乡村大世界》《乡约》，央视五套《体育人间》等栏目先后十三次对掼牛进行了专题报道。此外，专题片更是不计其数。媒体的广泛关注让掼牛声名鹊起。

3. 掼牛争霸赛

作为武学的一个重要分支，近年来，掼牛事业取得了跨越式的发展。2012年6月2日至3日，在凌公塘中国斗牛馆举行了首届“中国掼牛”全国邀请赛、“嘉兴掼牛”学术研讨会。各级领导和二十名特邀嘉宾、二十五名专家学者出席活动。现场共聚集了八百名观众前来观看表演。

第一届争霸赛成功邀请了全国各地的掼牛勇士前来参赛。此后的第二届、第三届、第四届、第五届场面越来越大。争霸赛一般为期三天，场地就定于凌公塘文化主题公园内的下沉式广场——中国斗牛馆。大赛由海华武馆发出邀请，全国各地掼牛勇士皆可报名参加。

2014年举办了第三届掼牛争霸赛。浙江省级媒体、嘉兴市级媒体竞相对掼牛争霸赛进行了报道。在第三届争霸赛中，“擒风手”甘

首届“中国掼牛”全国邀请赛

2013年第二届掼牛争霸赛

岗不负重望，不仅在掼牛项目中技压群雄，还凭借掼牛与武功绝技两项总成绩第一的硬实力，荣获本届争霸赛“王中王”称号。海华武馆队的“烟雨隐侠”胡成勇则夺得武功绝技项目冠军。

作为全国掼牛领域最大规模的竞技运动赛事，第三届掼牛争霸赛的时候就有来自十个省（直辖市、自治区）的十六支队伍八十名掼牛勇士齐聚禾城，同场竞技。

从2012年开始，现已连续举办五届中国掼牛争霸赛，每年的掼牛争霸赛都是作为嘉兴市端午民俗文化节重点节庆活动，受到市委市政府的高度重视。作为农耕文化的典型代表，掼牛运动所倡导的诚信、务实、坚韧、奋进的精神以及无与伦比的竞技观赏性，吸引了

2014年第三届掼牛争霸赛

2014年第三届掼牛争霸赛比赛现场

2014年掼牛争霸赛开幕式表演（海华武馆）

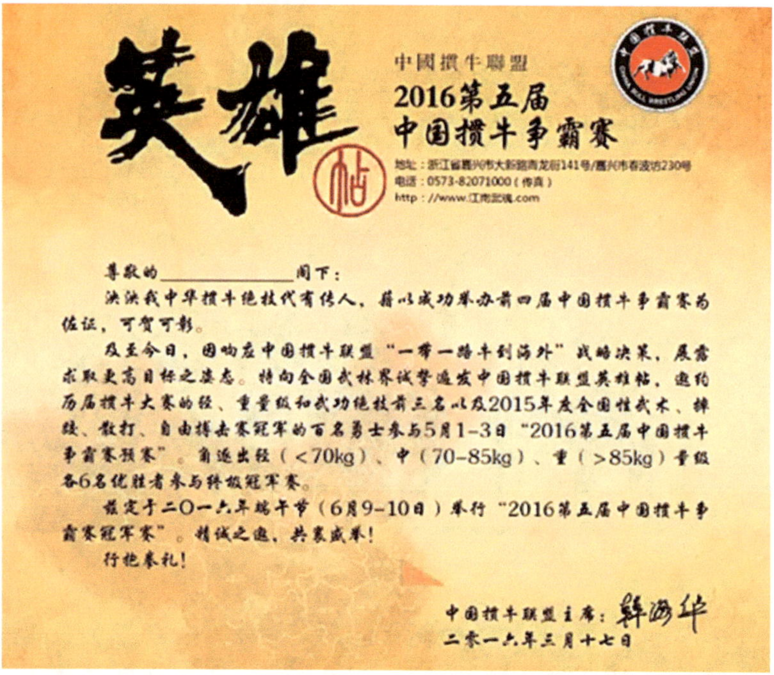

英雄帖

中國掼牛聯盟

2016第五届

中国掼牛争霸赛

地址：浙江省嘉兴市大新路南龙街141号/嘉兴市春波坊230号

电话：0573-82071000（传真）

http：//www.江南武魂.com

尊敬的＿＿＿＿＿＿＿阁下：

泱泱我中华掼牛绝技代有传人，藉以成功举办前四届中国掼牛争霸赛为佐证，可贺可彰。

及至今日，因响应中国掼牛联盟"一带一路牛到海外"战略决策，展露求取更高目标之姿态。特向全国武林界诚挚递发中国掼牛联盟英雄帖，邀约历届掼牛大赛轻、重量级和武功绝技前三名以及2015年度全国性武术、摔跤、散打、自由搏击赛冠军的百名勇士参与5月1-3日"2016第五届中国掼牛争霸赛预赛"。角逐出轻（<70kg）、中（70-85kg）、重（>85kg）量级各6名优胜者参与终极冠军赛。

拟定于二〇一六年端午节（6月9-10日）举行"2016第五届中国掼牛争霸赛冠军赛"。特诚之邀，共襄盛举！

行抱奉礼！

中国掼牛联盟主席：韩海华

二零一六年三月十七日

2016年第五届中国掼牛争霸赛英雄帖

大量的忠实"粉丝"和众多媒体的广泛关注，每次掼牛赛赛场观众爆满。据了解，争霸赛高手如云，规模与竞争激烈程度一届高过一届。而作为传承人的韩海华，他的目标就是要将掼牛争霸赛一年一年举办下去，而且是一年比一年好。"最终目标是要让掼牛走向全世界。"韩海华说。

4. 掼牛面对的传承困难

（1）越来越少的"运动牛"

掼牛比赛的胜负取决于诸多因素，如掼牛勇士的胆略和技巧，出场的牛种等。为了使掼牛表演更为精彩，掼牛勇士选择的牛种一般是较为灵活的放养黄牛和水牛，其身体重量大，因此更能表现出掼牛勇士的健力美，展示掼牛运动较高的难度和挑战性。这与西班牙和美国斗牛选用的牛种不同，西班牙斗牛一般选择血统纯正的野性动物，如生性暴烈的北非公牛。它们由特殊的驯养场负责牛种培育，经过四到五年即可用于比赛。凶猛公牛直接威胁着斗牛士的生命。这种公牛好斗的本性并不是经人训练出来的，而是天生的。虽然西班牙斗牛表演场面壮观，格斗惊心动魄，但是过于残忍血腥。与西班牙斗牛比较起来，中国掼牛以“构建社会主义和谐社会”为主题思想，倡导人与牛的和谐与公平决斗。人与牛是对手也是朋友，人不会以任何暴力方式伤害到牛。因此，二者始终是公平竞技、和谐相处、亲密友好的。中国掼牛彰显的是本土农耕文化特色和武学精神，是人与自然相生相息的和谐关系。从某种意义上说，这更符合中国平和、含蓄、保守的文化内涵，也体现着中国人动静结合、刚柔并济的运动习惯以及更深层次的生存智慧。因此，掼牛主要选用全身肌肉丰满肥厚、体高粗壮且较为灵活的放养牛种，列入2012年5月“掼牛”邀请赛的参赛牛为黄牛。2012年10月22日晚，湖南卫视“谁与争锋”节目中韩海华的接班人、最猛斗牛士甘岗，挑战的是贵州连续三年斗牛牛王“大黑”（体重逾1500斤），它是亚洲沼泽型水牛。

为了体现掼牛勇士高超的技术和充沛的体力，在筛选斗牛时，

一般依据牛的体重、灵活性与生活习性等特征来进行选择。但是，伴随着全球经济的发展和农业机械化程度的提高，我国役用牛的功能呈快速下降趋势，向专门化肉用或乳用的方向转化，这也为掼牛参赛牛的选种增加了难度。掼牛传承人韩海华不辞辛苦地跑遍了山东、安徽、内蒙古和新疆等全国大型养牛基地。通过考察发现，目前由于农业机械化程度的大幅度提高，役用型牛种大幅度减少，各养殖场提供的基本是乳用型、肉用型与乳肉兼用型牛种，其牛的性格比较温顺、不灵活，因此，多数不适用于作为掼牛的备选牛种。总而言之，比赛选种需要从掼牛所蕴含的文化价值出发，对人力与物力投资成本、掼牛勇士的动作风格和技术特征、表演的精彩程度与公平问题以及可能导致的人身安全问题等因素进行综合考虑，权衡利弊以获得最佳方案。

此外，由于嘉兴地处平原地区，几乎不会用牛来耕地了，所以牛的圈养、运动成了一个新的问题。“掼牛需要的是运动牛。我们的掼牛勇士每天都在练习，同样的我们如果把牛关在笼子里，不让牛得到运动，那么这样对牛来说也是不公平的。所以我们需要一个能够让牛撒开腿跑的运动场所。”韩海华说，他通过朋友的帮助，在浙江北部湾湿地农业生态科技有限公司的一个农场里将牛圈养起来，这些都是依靠社会力量的赞助。

（2）掼牛勇士严格的选拔机制

掼牛运动是一项人跟牛直接对抗的运动。根据掼牛大赛规则的要求，掼牛“勇士”个人成绩由两部分组成。第一部分是一至三分钟的武功绝技展示，因此掼牛士要具备一定的武术功底；第二部分是三分钟的掼牛过程，因此掼牛士还需具备摔跤运动员的灵敏。掼牛运动不但巧妙地结合了武术的功底和摔跤的灵敏，还凸显了其项目的特色，根据首届中国掼牛邀请赛的资料显示，这个项目的特殊性在于对参赛勇士没有年龄分组，没有性别分组，只是在体重限制的基础上匹配相对应的牛。但是一名合格的掼牛士必须有武术内功托底，具备摔跤的灵活性和硬气功的爆发力。因此对于掼牛士选材的要求较为特殊，这也造成了掼牛勇士的稀缺。

对掼牛勇士来说，如恢复速度快、爆发力强，就能在三分钟内大大提高掼倒牛的几率；而灵活性、柔韧性、速度、耐力、力量等方面的素质，是掼牛勇士武功绝技展示不可缺少的部分。

资料显示，对武术运动员一般从形象、一般素质、专项素质和遗传因素等方面进行选材。掼牛运动员除了要具备一般运动员应有的身体素质外，还要有良好的个人形象、突出的专项身体素质、富于演练表现的能力。形象从容貌、眼神、身高、体型、体态等几个方面考虑。一般素质包括一般身体素质和心理素质，一般素质测试参照《国家体育锻炼标准》进行，一般心理测试主要采用提问和观察的方法进行。专项素质是武术套路运动必须具备的专门素质，包括专

项身体素质和专项心理素质。专项身体素质是提高专项技术和竞赛成绩的基础和保证，主要包括柔韧、协调、力量、有氧和无氧综合代谢能力等四个方面；专项心理素质即武术意识，一般包括动作意识和场上意识两方面。遗传因素与人体形态发育、机能指标、运动素质及成绩增长的幅度等方面都有极为密切的关系，因此，在选材时还必须了解学生父母的体质和形态，推测他们未来体质和体形的发展趋势。

（3）经费问题

好的掼牛勇士是掼牛传承的一项重要元素，而如今传承人也面临着困难。学武的人少了，愿意让孩子吃苦的家长更是不多见，所以好多小孩子都不愿意来学武，这是其一。如今武馆内的掼牛勇士都存在年纪偏大的问题，这是其二。比如1970年出生的甘岗，虽说在掼牛上很有成就，但练武和掼牛毕竟是讲究体力的，所以随着年龄的增大，掼牛的力道也会越来越不足。而掼牛的对象，如今也面临着昂贵的经费问题。

掼牛这个项目，与一些传统手艺的传承有着巨大的差别。韩海华对武术的痴迷和对掼牛的执着，促使他一手将掼牛保存并发展了起来。虽然如今政府的支持力度在增加，然而对于维持掼牛庞大的开支却远远不够。不过韩海华表示，虽说政府的支持不够，但企业对于武馆的支持却在逐年增加。武馆的各项开支基本不再需要韩海华自掏腰包，只是韩海华没有更多的经费给自己的徒弟开高一些的工资。韩海华说自己有三个女徒弟，这三个女弟子他都很看好，但待的时间最长的不过三四年，最短的一年不到。每一个女徒弟都是掉着眼泪离开的，没有别的理由，就是因为工资太低。男徒弟走掉的更不在少数，起码在十人以上。“最主要一个问题就是留不住人。我培养得越好，练得越好，他们的身价就越高，我就要有相应的资金来将他们留住，但我没有这个经济实力。”韩海华说徒弟们其实都没有很高的欲望，宁可少拿钱也要在武馆，然而如今的生活成本越来越高，到最后实在无法留下。

除了武馆的资金、人才问题，牛也成了韩海华的困难。现在的牛大部分是“食用牛”，吃饲料，快速长大，而掼牛所需要的牛则是“运动牛”。“现在我们周边地区都买不到牛，我要去山里买，但山里的牛都需要帮助农民干活，所以一般农民也舍不得卖。这必然就要增加买牛的经费，而牛买来以后，我们必须要找一个地方圈养，让它每天都得到运动，这无疑又是一笔庞大的经费支出。”

政府每年对韩海华掼牛的资金支持并不固定，一些经费的短缺韩海华通过向企业“化缘”，或者自掏腰包来解决。不过随着海华武馆、掼牛等知名度的提升，现在有越来越多的企业愿意资助海华武馆发展掼牛运动。

[贰]嘉兴掼牛的保护

南湖区对掼牛项目的保护传承有计划、有投入，并且在实践中及时了解传承遇到的需求和困难，力所能及地予以帮助和解决，使得掼牛项目的传承做得有声有色，总体保护传承发展势头良好。

1. 领导重视，责任落实

近年来，南湖区党委、政府及各级文化主管部门高度重视掼牛项目的传承与保护工作，通过努力，初步形成了以南湖区非遗保护中心为主导、嘉兴南湖中国式斗牛发展有限公司为主体的掼牛传承保护格局，保护态势良好，保护措施有力，保护责任得到全面落实。

目前，南湖区非遗保护中心制订了“掼牛保护五年计划”和“国家级非遗项目——掼牛‘八个一’保护措施”。嘉兴南湖中国式斗牛发展有限公司被列入首批嘉兴市非物质文化遗产传承基地，同时，南湖区与杭州师范大学体育与健康学院建立了“嘉兴掼牛文化创意产业研究基地”。

2. 出台政策，加大扶持，做好保障

南湖区非遗保护中心自成立以来，积极投身掼牛项目的传承与保护工作。该项目2009年提出申报，2011年5月获得国务院和国家文化部的批准，正式进入国家级非遗名录。南湖区先后出台了《南湖区非物质文化遗产保护发展规划纲要（2010年—2015年）》和《南湖区文化发展专项资金管理办法》两份文件，以科学发展观为统领，坚持“保护为主、抢救第一、合理利用、传承发展”的共同工作方针，正确处理保护和利用的关系，积极构建科学有效的非物质文化遗产保护体系，对掼牛保护加以全方位的指引。确定今后要巩固掼牛文化理论研究成果，加大传承力度，加强展示交流。

3. 加强管理，市场运作，活态传承

南湖区非遗保护中心为掼牛项目建立了电子资料库，采用数字化管理，把有关该项目的文字、图片、视频、录音、书籍、实物等按类归档。积极推荐该项目省级代表性传承人韩海华参加国家级非遗代表性传承人申报。在凌公塘文化主题公园内建成中国斗牛馆，为掼牛项目提供长期表演与比赛的场地，排演传承节目，并多次组织推荐掼牛团队参加各类文化活动。从2012年至今，已在中国斗牛馆内举办了五届中国掼牛争霸赛和数十场掼牛展演活动。

作为一项传统体育、游艺与杂技类的国遗项目，在南湖区党委、政府的关心支持下，南湖区非遗保护中心积极和该项目省级代表性传承人韩海华先生联系，促成了“嘉兴南湖中国式斗牛发展有限公司”的成立，并作为掼牛项目的传承教学基地，在青龙街141号（南湖区武术协会）积极训练和选拔掼牛项目传承人才，为项目进入文化旅游市场，更好地、可持续地传承该项目进行准备。现在，依托公司作为嘉兴掼牛重点传承基地而组建的掼牛训练和表演团队人数达五十人，系统训练情况良好。同时，每年在其自创的“江南武魂”表演中展示掼牛绝技，累计达到五十多场。

附录

掼牛比赛规则

从2006年掼牛开始申遗以后，韩海华对掼牛的场地、服饰、礼仪、评分标准等比赛内容进行了多次修订，直至2015年形成了最新的《2015版中国掼牛竞赛规则》。该规则由掼牛传承人韩海华及中国掼牛联盟专家王增才、陈顺安、林小美、徐金尧等同志根据掼牛项目特点和比赛发展趋势，结合历届中国掼牛争霸赛具体情况制定，可供国内外各类比赛使用。该规则共分二十六条，主要包括比赛场地、设备、掼牛勇士服装和战牛装饰、比赛礼仪、战牛及有关要求，此外对于裁判、评分、比赛得分等都作了细致的规定。

第一条　比赛场地

（1）比赛场地：由适合于掼牛的专用地毯铺设。分比赛区和保护区。

（2）比赛区：椭圆形，最宽处直径12米，最深处直径10米。

（3）保护区：比赛区周围铁围栏以链条、铁螺栓加固，以确保掼牛勇士及战牛均不会受伤。

（4）比赛中心线：比赛区中间画一条左右分界线（称为中心

线），面向裁判台，左侧为白方（勇士）出场区，右侧为绿方（牛）出场区。

（5）比赛站位区：沿中间线，向左右两侧60厘米分别设战牛和勇士的比赛站位区。

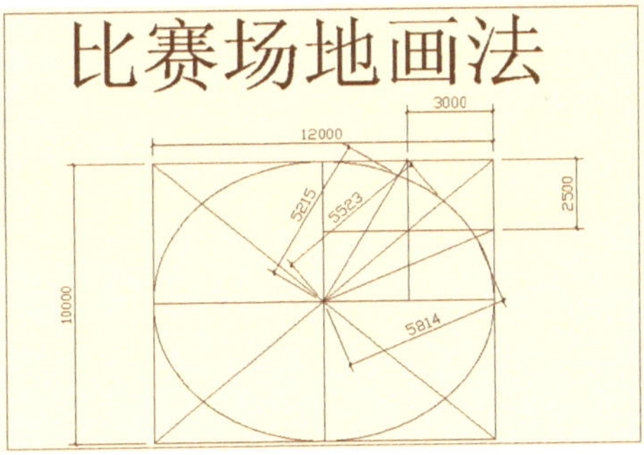

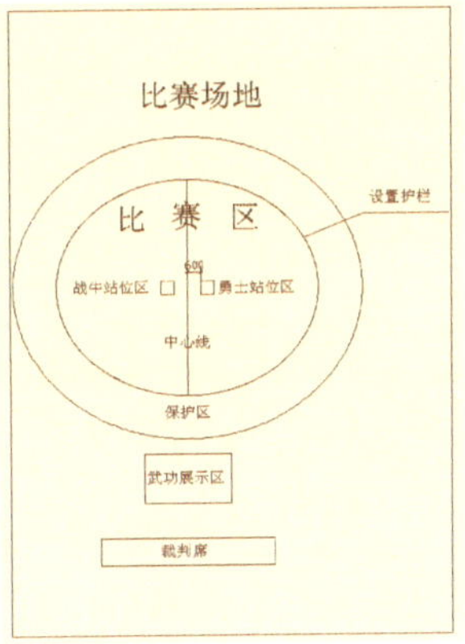

第二条　比赛设备

（1）公制大型称重器1台（为战牛称重所用）。

（2）公制小型称重器2台（为掼牛勇士称重所用）。

（3）计时钟1台。

（4）秒表两块。

（5）记分牌（示分器）一台。

（6）多音哨一个。

（7）锣一套。

(8) 计算机一台。

(9) 显示器一台。

(10) 摄像机一台。

(11) 打印机一台。

(12) 复印机一台。

(13) 打印纸若干。

(14) 记录表格若干。

(15) 笔若干。

(16) 桌椅若干。

(17) 得分牌：白色5块，分别用红色书写5、4、3、2、1。绿色4块，分别用红色书写4、3、2、1。

(18) 警告牌：小旗3枚，插旗底座1个。

(19) “精、气、神”项目打分牌1套。

(20) 对讲机5个（配耳麦）。

(21) 扩音设备。

(22) 场地灯光：灯光照度不低于1500lx（勒克斯）。

(23) 场上裁判用“白、绿（左白、右绿）”两色手套一副。

第三条　掼牛勇士服装和战牛装饰

(1) 掼牛勇士：上衣穿马甲，下穿灯笼裤，穿戴掼牛专用皮鞋、护具，披掼牛勇士战袍。

（2）战牛装饰：穿牛鼻绳，脖挂花环。

第四条　比赛礼仪、战牛及有关要求

一、掼牛勇士

（1）掼牛勇士出场、退场，场上裁判宣布胜利时，除了向场上裁判、裁判长行武林抱拳礼外，还要向观众行礼。

（2）掼牛勇士在规定时间内未得2分及以上动作，判战牛获胜，必须将自己的战袍（披风）给战牛披上，然后向战牛行礼，护送战牛退场。

（3）掼牛勇士仪表要整洁大方，颜面要洁净，皮肤暴露处不得涂抹油脂或油彩。

（4）掼牛勇士不得佩戴各种首饰及硬质护件。

（5）掼牛勇士的指甲不得长于1毫米。

二、战牛

（1）必须身体健康，并经检验检疫合格。

（2）出场时由控牛师牵出，脖挂花环。

（3）当宣布掼牛勇士获胜时，由第二控牛师把花环挂在掼牛勇士肩上。

第五条　裁判组的组成

裁判组应由仲裁、总裁判长、副总裁判长、临场裁判员、控牛师、编排记录长、记录员、检录员、宣告员、计时计分员、技术录像

师、大会医生等人员组成。

第六条　裁判组的主要职责和要求

一、仲裁

（1）依据规则对比赛的全部过程进行监督，维护比赛的公正性。

（2）依据规则、规程负责对竞赛中的疑难问题进行解释和评判，仲裁组的判定是整个比赛的最后判决。

二、总裁判长

（1）全面负责竞赛的裁判工作。

（2）检查落实比赛场器材用品等。

（3）组织裁判员的学习，通报竞赛规则的最新变化，明确分工，统一尺度。

（4）主持大会技术会议，根据规则、规程对竞赛工作的问题进行解释。

（5）协助和配合仲裁处理竞赛中出现的有争议的重大问题。

三、副总裁判长

（1）协助总裁判长工作，在总裁判长缺席的时候可代理其职责。

（2）处理竞赛过程中有关临场裁判、检录、记录、计时计分等出现的问题，并及时报告总裁判长。

（3）协调各部门工作。

四、临场裁判员

（1）经中国掼牛联盟登记注册、持有裁判员资格证书。

（2）精通《中国掼牛规则》及裁判法。

（3）尊重并服从裁判长的指挥，遵守《裁判员守则》。

（4）裁判员不得以任何形式兼任运动队的领队、教练工作。

（5）不得随意向运动队及运动员传递有关裁判组内部信息。

（6）相互团结、相互帮助，工作协调配合，认真做好裁判工作小结。

五、编排记录长

（1）协助裁判长做好赛前准备工作，负责组织编排组的工作，审查运动员的报告表。

（2）组织竞赛抽签、称量体重、标记及信息登记，确定赛前训练场地、比赛场次、出场顺序，处理运动员弃权、变更等事宜，及时向总裁判长汇报情况。

（3）准备各种表格并发送有关人员。

（4）负责核实登记并及时公布比赛成绩。

（5）整理资料、编写成绩册。

六、宣告员

（1）熟悉掼牛规则及竞赛的基本知识，具有一定的语言表达能力，适时介绍掼牛比赛常识、特点，起到宣传本项目的作用。

（2）介绍赛会概况，宣告比赛结果、比赛级别场次，介绍临场裁判员、掼牛勇士及战牛。

七、检录长

（1）根据编排的出台秩序进行检录。

（2）比赛前十分钟负责组织掼牛勇士的点名和服装等的检查。

（3）比赛前三分钟组织掼牛勇士和控牛师牵战牛至比赛场外道口等待。

（4）向裁判长报告点名未到和弃权掼牛勇士的情况。

（5）检录裁判在检录长的领导下开展工作。

第七条　执行裁判组的人员组成

在通常情况下，一场比赛设裁判长1名，场上裁判1名，副裁判1名，武功绝技裁判3名。在裁判委员会的监督下，裁判长、场上裁判、副裁判在2名控牛师和记录员及计时员的协助下进行工作。

第八条　执行裁判组的职责要求

一、场上裁判员

（1）场上裁判员对该场比赛的顺利进行负有直接的责任，必须根据规则严肃认真、公正准确指导比赛。

（2）他必须受到运动员的尊重，对他们拥有绝对的权威。运动员、控牛师必须无条件地立即执行他的命令和指示。在执行过程中，不允许场外有任何不正规和不适宜的干涉。

（3）紧密配合裁判长和副裁判的工作，在比赛受到外界的干扰和冲击时，必须执行管理比赛的职责，无论比赛开始、暂停、得分和处罚都应该手势清楚，快速果断，声音洪亮，及时给分。

（4）当战牛移靠围栏边无法比赛时叫停，令其回到场中央继续比赛。

（5）场上裁判员应左手戴白色手套，右手戴绿色手套，运动员使用动作后，根据场上情况，场上裁判应用手势表示分值是否有效，左手白色代表掼牛勇士的情况，右手绿色为战牛的情况。

（6）以下情况，场上裁判应毫不犹豫地做出判断：

掼牛勇士的犯规动作；在恰当、正确的时间停止比赛，既不能太早也不能太晚；当掼牛勇士或战牛处于危险状况时立即停止比赛。

（7）在掼牛勇士比赛时根据场上情况的变化，应在场地上不时地安全变换位置，确保自身安全，不要离其太近，既不能影响视线，又不能挡住裁判长及观众视线。

（8）在宣布比赛结果时要求掼牛勇士、战牛一直在比赛场内。

（9）在征得裁判长同意后，宣布比赛获胜者。

二、副裁判员

（1）副裁判员必须集中精力观察比赛全过程，不得分散注意力，对场上的每一个动作都应独立地判出分数及意见，迅速向坐在身边的裁判长汇报，根据裁判长的意见进行记录。

（2）每场比赛结束后，副裁判员根据记录情况，应把胜方告知裁判长。

（3）把场记表签字后交裁判长。

三、裁判长

（1）应履行规则中规定的一切职责。

（2）协调场裁和副裁的工作。

（3）裁判长在比赛进行中不允许有走神现象。

（4）评判执行组其他成员的工作行为。

（5）一般情况下，裁判长不要先表态，应等场上裁判员、副裁判员发表意见后再进行表态，裁判长没有影响其他裁判独立判断的权力。

（6）有明显判错时，裁判长有权暂停比赛，经协商，如票数2∶1，可立即更改此决定。

（7）根据统一意见示牌亮分。

（8）比赛结束根据结果示牌判定胜方。

（9）记录单上签字。

四、武功绝技裁判

（1）根据掼牛勇士在场上的展示，从“精、气、神”三方面给予评分。

（2）三人商议后快速决定。

（3）举牌亮最后得分。

五、控牛师

（1）控牛师的作用非常重要，他关系到比赛的顺利进行和激烈程度。

（2）当裁判鸣哨战牛上场时，应迅速将牛牵入比赛场内，等待介绍。

（3）掼牛勇士行礼前，第二控牛师应卸掉牛绳和挂在牛脖子上的花环，第一控牛师尽量把牛牵至战牛站位区。

（4）当比赛开始时，第二控牛师速至保护区围栏外，第一控牛师速退至比赛区围栏边，既不能影响比赛，又不能阻挡他人视线和危及自身安全。

（5）当裁判员叫停时，控牛师应立即控牛至场地中间，如出现战牛倒地不起或靠围栏边不动及其他危险情况时，第二控牛师也应进场内帮助控牛。

（6）控牛师不能无故干扰比赛。

（7）比赛结束宣判前，第二控牛师把花环挂在牛脖上。

（8）当裁判员宣布掼牛勇士胜时，第二控牛师将牛身上的花环取下挂在勇士身上。当宣布战牛胜时，协助掼牛勇士将勇士战袍披在牛身上。

（9）根据场上裁判员退场手势牵牛退场。

六、记时员

（1）应了解比赛时间：预赛、决赛、第一局、场间、第二局。

（2）应熟练运用器材。

（3）根据场上裁判员发出的“开始”和“停”的口令计时。

（4）第一局比赛结束鸣多音哨，全场结束敲锣。

（5）记掼牛勇士出场时间1分半钟，30秒一报。

（6）记掼牛勇士伤治时间2分钟。

第九条　裁判手势

（1）掼牛勇士、战牛上场。

（2）询问裁判长比赛能否开始。

（3）预备，开始。

（4）停。

（5）得1分。

（6）得2分。

（7）得3分。

（8）得4分。

（9）得5分。

（10）劝告。

（11）警告罚1分。

（12）警告罚3分。

（13）失1分。

（14）失2分。

（15）失3分。

（16）失4分。

（17）无效不得分。

（18）请控牛师上场。

（19）请大会医生上场。

（20）取消比赛资格。

（21）判定胜方。

（22）双方退场。

第十条　竞赛项目

一、个人赛：以个人在所属级别内竞赛所得的成绩，确定个人名次。

二、团体赛：以每个团体所有被录取的掼牛勇士的成绩总和确定团体名次。

第十一条　竞赛方法

（1）积分淘汰制。

（2）积分排名制。

第十二条　年龄及体重级别

一、年龄

（1）掼牛勇士必须达到17周岁及以上。

（2）战牛必须是3周岁以上的犄角黄牛。

二、级别

（1）勇士：75kg以下级、75—85kg级、85—95kg级、95kg以上级

（2）战牛：350—500kg

第十三条　称量体重时间和抽签

一、掼牛勇士

（1）掼牛勇士比赛前一天的下午4：30—5：00进行称量体重，称量时间在半小时内一次性完成。

（2）由裁判长一人、裁判员数人、编排、记录员和医生组成称量体重组，实施掼牛勇士体重的称量。

（3）掼牛勇士称体重时，应赤足，穿短裤，或赤身，并以实际重量归入相应级别。

（4）掼牛勇士称量体重后，由本人抽取对应战牛编号，根据抽签号结果进行编排。

二、战牛

战牛的称重，在运动员报到的前一天下午开始，由竞委会会同有关裁判完成称重、标记及信息登记。

第十四条　比赛性质及具体时间

一、预赛和决赛

（1）预赛（海选）：掼牛勇士仅参加一局比赛，比赛时间3分钟，并以积分淘汰或以积分排定名次进入决赛。

（2）决赛：掼牛勇士参加两局比赛，每局2分钟，局间休息30秒。

（3）当比赛开始后，比赛中一切暂停时间均应扣除。

第十五条　比赛的天数和场数

（1）每种性质的比赛在2天内结束。

（2）每个勇士每单元只赛一场。

第十六条　比赛中的信号

（1）上场信号：当裁判员鸣多音哨时，掼牛勇士迅速跑至围栏外武功绝技展示台，向裁判、群众行礼后，即进行武功绝技展示，时间在1分钟内。

（2）场上裁判员做出两臂前伸掌心相对手势，控牛师把牛牵至战牛站位区。掼牛勇士即刻上场，站在勇士站位区，并向场上裁判、战牛行礼。

（3）开始比赛：当掼牛勇士与战牛都站在规定区域，经裁判长同意后，场上裁判员发出“预备，开始”口令，开始比赛。

（4）暂停比赛：场上裁判员发出“停”的口令，掼牛勇士即刻停止比赛。

暂停比赛的原则：当战牛四处奔跑时；当战牛紧靠围栏时；当战牛坐（倒地）不起时；当出现危险状况时；场上出现无法掼摔时；一方受伤时；当主裁判认为有必要时；裁判委员或裁判长认为有必要暂停进行协商时；比赛时间终止时。

（5）比赛结束：裁判台计时员鸣多音哨或鸣锣。鸣哨为第一局结束，鸣锣（钟）是终场结束。

比赛结束的原则：当一方弃权时；当一方被取消比赛资格时；当一方无法继续比赛时；当比赛时间终止时。

注：当掼牛勇士已使用动作取得明显效果时，尽管终止时间已到，但比赛仍可继续。

第十七条　得分标准

掼牛比赛得分设5个分值，1分、2分、3分、4分、5分，即A、B、C、D、E类，以及武术绝技5—10分所转换成的3分、2分、1分即C、D、E类结分。

一、掼牛得分

（1）1分（E类）

将战牛掼成一个膝盖着地；将战牛掼成牛角触地；将战牛掼成一蹄离地；过战牛头；过战牛背；钻战牛肚。

第一次犯规警告（失1分）；被战牛顶摔成手、肘、膝任何一点着地（失1分）。

注：过战牛头、过战牛背、钻战牛肚只能各得一次分。

（2）2分（D类）

将战牛掼成臀部着地；将战牛掼成双膝跪地；将战牛掼成双蹄离地；将战牛掼成牛角触地。

被战牛顶摔成跪撑姿势（失2分）。

（3）3分（C类）

将战牛掼成四膝跪地（卧倒）；将战牛的前半身抱起或扛起，使战牛双蹄离地达2秒及以上；将战牛的后半身抱起或扛起，使战牛的双蹄离地达2秒及以上；采用后抱腿，使战牛双蹄离地达2秒及以上。

被战牛顶摔成身体着地（肩背臀、胸腹及体侧）失3分；第二次受到犯规警告的失3分。

（4）4分（B类）

将战牛掼成体侧着地、四蹄离地；将战牛掼成背部着地。

被战牛顶摔成身体着地并翻转的失4分。

（5）5分（A类）

将战牛掼成背部着地并翻转的。

二、武功绝技类得分（精、气、神）

起评分5分，满分10分。

（1）5分以下的不记入掼牛总分。

（2）5.0—6.99分，计掼牛E类得分，得分6分及以下的计得分1分，6分以上的再加1分。

（3）7.0—8.49分，计掼牛D类得分，8分及以下的计得2分，8分及以上的再加2分。

（4）8.5—10分，计掼牛C类得分，得3分。

武功绝技评分标准：

（1）评分标准：参照国际传统武术比赛评分标准。

优秀的评分标准：力量上表现劲力非常充足，力点准确，用力顺达；灵敏性上身体与器械配合十分协调，攻防非常合理；观赏性上表现为风格突出，并充分体现出武功的文化底蕴与艺术魅力。

良好的评分标准：力量上表现为劲力较为充足，力点比较准确，用力比较顺达；灵敏性上身体与器械配合比较协调，攻防比较合理；观赏性上表现为风格比较突出，并能够比较充分地体现出武功的文化底蕴与艺术魅力。

尚可的评分标准：力量上表现为劲力不充足，力点不准确，用力不顺达；灵敏性上身体与器械配合不协调，攻防不合理；观赏性上表现为风格不突出，不能够体现出武功的文化底蕴与艺术魅力。

（2）总分10分，比赛时间1—3分钟。

（3）武术、散打、摔跤评分标准：

分类	力量性	敏捷性	观赏性
得分	2.00—4.00	1.00—3.00	2.00—3.00

力量性、敏捷性、观赏性相加为武功绝技总分。分为3档9级，其中：8.50—10.00分为C（3分）类；7.00—8.49分为D（2分）类；5.00—6.99分为E（1分）类。

第十八条　进攻有效和无效

（1）在比赛区内使用动作并得分，得分有效。

（2）在规定时间内使用动作并得分，得分有效。

（3）战牛自己提脚或滑倒得分无效。

（4）使用犯规动作进攻，得分无效。

（5）场上裁判叫停后仍然进攻，得分无效。

（6）掼牛勇士自己滑倒，或使用动作倒地不失分。

（7）在鸣哨（或鸣锣）前，掼牛勇士已发动进攻，尽管时间已到，比赛继续，如将战牛摔倒，得分有效。

第十九条　犯规动作及禁止事项和行为

（1）犯规动作：打牛、踢牛、抠牛眼等伤害战牛及侮辱战牛的行为。

（2）禁止动作：往上提牛鼻绳摔、缠牛尾巴摔等。

（3）无故不参加比赛或随意比赛的行为。

第二十条　罚则

（1）比赛前，三次点名未到，比赛开始掼牛勇士1分30秒内未出场，取消比赛资格。

（2）比赛期间，掼牛勇士无故弃权，取消本人全部成绩。

（3）凡出现打牛、踢牛、抠牛眼，或其他伤害战牛、侮辱战牛的行为，及提牛鼻绳摔、缠牛尾巴摔等动作，第一次违规给予劝告，第二次警告判罚1分，第三次警告则判罚3分，第四次警告判罚离场，取消全部成绩。

第二十一条　掼牛勇士及战牛受伤处理

比赛期间，经大会医生、场上裁判认为掼牛勇士因身体情况不宜继续参加比赛，勇士得分低于D类，则判战牛获胜。如战牛出现不适宜比赛情况，则替换比赛用战牛后继续比赛，也允许勇士申请结束比赛，之前的计时和成绩仍然有效。

第二十二条　临场教练员

（1）临场教练员（1人）必须坐在指定的席位上。局间休息时可向掼牛勇士进行指导和放松。

（2）比赛进行中，临场教练员不得以任何方式干扰裁判员工作，不得用语言、手势等肢体动作侮辱裁判员，不得进入比赛场地。

（3）如对判罚有异议，可在本场比赛结束后，按程序向仲裁委员会提出申诉。裁判员不受理任何异议。

第二十三条　判定胜负

（1）掼牛勇士的掼牛技术动作得分在D类得分及以上，则武功绝技得分计入总成绩，如掼牛勇士的积分高于失分罚分，判掼牛勇士胜。

（2）掼牛勇士技术动作得分低于2分，则武功绝技不计入总成绩，判战牛获胜。

（3）掼牛勇士的得分与失分、罚分相同，则判战牛获胜。

第二十四条　判定成绩

依据掼牛勇士在掼牛中的表现，设以下类得分：

5分A类得分；4分B类得分；3分C类得分；2分D类得分；1分E类得分。

无数个1分类动作抵不过一个2分类动作，即A类得分高于多个B类得分，B类得分高于多个C类得分，C类得分高于多个D类得分，D类得分高于多个E类得分，最终排定名次。

第二十五条　录取名次

一、个人名次

全部比赛后，按积分（即类型积分的总和）的多少确定个人名次，积分多者名次列前，少者名次列后。比赛后若出现掼牛勇士间

积分相同情况，则先看A类，相同则再看B类，以此类推；如都相同，看所受劝告，无劝告者为胜；如还相同，则看所受警告，无处罚者为胜；如再相同，则看各自比赛用战牛与掼牛勇士的体重比，谁大谁胜。

二、团体名次

（1）按各单位掼牛勇士在各级别比赛中被录取名次的总分确定名次，得分多者名次列前，少者列后。

（2）如遇两个或两个以上团体单位积分相等，则判获得第一名多的单位获胜；如再相同，则判获得第二名多者名次列前，依此类推。

后记

掼牛，历时一年多，我们终于将它的样子初步展现出来了。要用文字反映现实状况，并且表达清楚，传承下来，这本身就是一件不容易的事情。我和本书另一作者史源先生是顶住了内心的巨大压力，勉强不辜负大家对我们的期望。

刚接触掼牛，我们跟普通老百姓一样，对它并没有深入了解，只知道掼牛勇士很厉害，可以把牛摔倒。我们不知道这掼牛是什么时候开始、从哪里来，为什么同样是有血有肉的人，掼牛勇士就可以将牛摔倒；我们也不知道有多少掼牛勇士，为什么这个勇士的动作得分就更高；我们更不知道，原来掼牛已经成了我国的非物质文化遗产……

这一年多来，我和史源先生首先查询阅读了大量的史实资料，将这些资料做了一个初步的归纳整理。随后，在嘉兴市南湖区文化馆馆长陈哲峰以及工作人员陈洁翔的陪同下，多次找到掼牛传承人

韩海华老师，以及海华武馆的文案康吕赐老师。韩海华老师为我们讲述了他很多的亲身经历，康吕赐老师为我们的编写工作提供了很多有价值的资料。在此要特别感谢这两位。

掼牛是一个大课题，它不仅是一种传承，更需要一种发展。任何事物的延续都需要获得支持，同时也会面临困难。我们编著此书就是想要将掼牛的过往、现状以及未来的发展做一个初步的梳理，尽量做到客观，也让后人能够通过此书看到这个时代掼牛的真实情况。

编著的过程用一句话概括，那就是“痛并快乐着”。当杂乱无章的那么多事实在眼前的时候，我们是痛苦的，因为我们不知道如何将这些事情准确、简洁地表达出来。可当我们慢慢接触掼牛，接触海华老师，接触那么多掼牛勇士的时候，我们的内心又是充满欣喜的。

印象深刻的是刚开始时，一个晚上我和史源先生来到海华武馆等韩海华老师。那时候甘岗正在武馆里练拳，而一群弟子则在旁边舞龙。我们耐心地看着甘岗练习打拳，看着甘岗汗流浃背，仿佛那汗水是我们自己流的一般。那时候我们深切地认识到，原来世界上真的有人是会“武功”的，掼牛勇士并不是浪得虚名。甘岗的成绩是他每天无休止的训练换来的。原来掼牛的传承和发展需要有这样强大的力量作支撑。那是我们第一次那么近距离地感受掼牛的力量，这种力量足以震撼我们的内心。

在本书写作过程中，感谢杭州师范大学的徐金尧老师认真审读书稿，并提出宝贵的修改意见。

最后，我们还是要感谢那一次次不厌其烦陪同我们来去的陈洁翔，还有不遗余力为我们提供帮助的康吕赐老师，更感谢“掼牛”，让我们看到了“牛”力量和“牛”精神的本质。

徐洁

2016年10月

责任编辑：潘洁清
装帧设计：薛　蔚
责任校对：高余朵
责任印制：朱圣学

装帧顾问：张　望

图书在版编目（CIP）数据

嘉兴掼牛 / 徐洁，史源，陈洁翔编著. -- 杭州 : 浙江摄影出版社，2016.12（2023.1重印）
（浙江省非物质文化遗产代表作丛书 / 金兴盛总主编）
ISBN 978-7-5514-1653-5

Ⅰ. ①嘉… Ⅱ. ①徐… ②史… ③陈… Ⅲ. ①传统体育项目—介绍—嘉兴 Ⅳ. ①G85

中国版本图书馆CIP数据核字(2016)第311068号

嘉兴掼牛

徐洁　史源　陈洁翔　编著

全国百佳图书出版单位
浙江摄影出版社出版发行
地址：杭州市体育场路347号
邮编：310006
网址：www.photo.zjcb.com
制版：浙江新华图文制作有限公司
印刷：廊坊市印艺阁数字科技有限公司
开本：960mm × 1270mm　1/32
印张：5
2016年12月第1版　2023年1月第2次印刷
ISBN 978-7-5514-1653-5
定价：40.00元